J'apprends à TOILETTER MON CHIEN

KARINE DUMAY

J'apprends à TOILETTER MON CHIEN

ulmer

SOMMAIRE

Pourquoi toiletter son chien chez soi ?

Tout humain qui vit avec un chien se doit de prendre soin de son lui : lui apporter une alimentation adéquate, une bonne éducation, des soins chez le vétérinaire dès que nécessaire. Mais le toilettage est souvent oublié comme faisant partie de ces bons soins.
En effet, un entretien régulier du pelage du chien permet d'éviter l'accumulation de nœuds pouvant faire le nid de substances allergisantes ou d'éventuels parasites, mais aussi de **détecter rapidement tout problème** susceptible d'engendrer un souci de santé (ongle incarné pouvant dégénérer en infection, par exemple). Le toilettage régulier **limite aussi le risque d'infestation des parasites** : une piqûre de tique ou une invasion de puces est plus difficilement détectable chez un chien à poils longs, denses ou foncés que chez un chien à poils ras.
Toiletter son chien, ce n'est pas seulement le laver, le sécher et le brosser. **C'est aussi prendre soin de lui, donc lui témoigner de l'affection**. Mais surtout, cela permet de créer et de développer le lien qui unit l'humain et son compagnon à quatre pattes. En effet, dans la nature, le toilettage représente une fonction sociale car les animaux au sein d'une même meute se lèchent mutuellement. En ce sens, le toilettage n'est pas seulement esthétique, c'est une preuve de confiance de votre chien envers vous : votre compagnon va devoir rester « sage », apprendre à ne pas bouger – notamment pendant les soins des pattes (coupe des griffes) et lors de l'utilisation de petits ciseaux permettant de dégager les yeux et les pattes.
Dans la mesure du possible, il est préférable **d'habituer son chien dès son plus jeune âge à être manipulé**. Ainsi cela ne sera pas une contrainte pour lui (ou du moins, il la supportera !), et cela facilitera grandement les visites chez le vétérinaire, par exemple.
Le chien n'aura pas peur du bruit du sèche-cheveux, de la sensation des ciseaux sous les coussinets ou à proximité des yeux, ni d'être manipulé au niveau des pattes, des fesses et des oreilles.

Il n'est pas question de vous substituer à un toiletteur professionnel, car lui seul est capable de maîtriser des gestes techniques tels que la tonte en cas de nœuds indémêlables, les coupes aux ciseaux ou les épilations sur les races de terriers et de spaniels.
Mais entre deux séances de toilettage chez un professionnel, vous pourrez prendre soin du pelage de votre compagnon et procéder à quelques rafraîchissements (coupe des poils autour des pattes et/ou au-dessus des yeux).
Vous aurez suffisamment confiance en vous pour lui raccourcir les griffes, nettoyer ses yeux, ses oreilles, ses dents. Pour ces soins courants, vous saurez quel matériel choisir.
Pour l'entretien du pelage, tout dépend du type de poil de votre chien : on ne fait pas la même chose à un teckel qu'à un cocker ou un westie. Si les soins courants sont les mêmes quelle que soit la race de votre compagnon, prendre soin de son pelage dépend en effet des spécificités de son poil.

Quelle que soit la race de votre chien, lisez les pp. 10 à 48, qui donnent toutes les informations à connaître sur le matériel à choisir, la bonne installation pour que vous soyez tous les deux dans des positions confortables et sécurisées.

Le toilettage permet de créer un lien entre votre compagnon et vous.

Ensuite, reportez-vous au chapitre traitant spécifiquement du type de poil de votre chien. Si votre chien est un :

- Beagle, boston terrier, bouledogue, boxer, braque, carlin, chihuahua à poils courts, labrador, pinscher, teckel à poil ras… **Voir poil court, p. 50**
- Terriers (airedale terrier, border terrier, cairn terrier, jack russel terrier à poils durs, lakeland terrier, norfolk terrier, norwich terrier, scottish terrier, welsh terrier, westie), teckels à poils durs, schnauzers, certains griffons. **Voir poil dur, p. 54**
- Bichon frisé, caniche, chien d'eau irlandais, barbet. **Voir poil laineux, p. 62**
- Bichon maltais, bobtail, briard, lévrier afghan, lhassa apso, shih tzu, silky terrier, terrier tibétain, yorkshire. **Voir poil long, p. 70**
- Cavalier king charles, cocker américain, cocker anglais, épagneul japonais, épagneul pékinois, golden retriever, setter anglais, setter gordon, setter irlandais, springer… **Voir poil mixte, p. 78**
- Spitz, berger australien, shetland, chow-chow, welsh corgi… **Voir poil double, p. 86**

LE TOILETTAGE À LA MAISON : LES BASES

Matériel, installation & sécurité

Bien s'installer

Ces conseils et recommandations sont valables quel que soit le type de poils de votre chien.

Pour votre confort et la sécurité de votre chien, il est essentiel de vous installer correctement et de choisir un emplacement spécifique dédié permettant de placer votre compagnon en hauteur. Pour cela, si vous avez de la place, il existe des petites tables pliantes de toilettage disponibles à la vente aux particuliers. Elles sont équipées d'une potence et d'une surface antidérapante. Sinon, utilisez une table ou un plan de travail suffisamment stable et qui vous permets de vous placer à la bonne hauteur. Pour la sécurité de votre chien, installez-y un **tapis antidérapant** en caoutchouc et, si possible, **placez la table contre un mur**.
Si votre chien a tendance à bouger sur la table, mettez-lui son collier et demandez à une seconde personne de le maintenir en place. Si vous n'avez personne pour vous aider, il est conseillé d'investir dans une petite potence de toilettage, munie d'une sangle, qui se fixera sur n'importe quelle table. Il en existe de nombreux modèles sur Internet.
Ne laissez jamais votre chien sans surveillance sur la table.
Pour l'habituer à être sur la table, commencez vos premières séances par le brosser quelques minutes seulement.
Enfin, pour des raisons pratiques, installez-vous si possible dans la même pièce où votre chien sera baigné.

QUEL MATÉRIEL POUR UNE INSTALLATION EN TOUTE SÉCURITÉ ?

- Une table stable, ou un plan de travail, ou une table de toilettage pliante.
- Un tapis antidérapant en caoutchouc.
- Une potence de toilettage munie d'une sangle (recommandé).

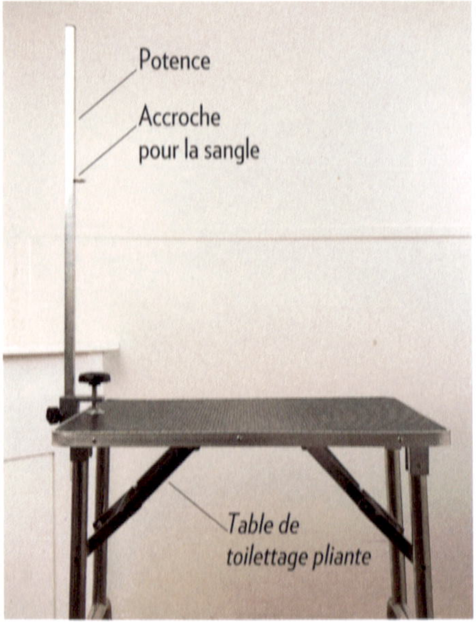

Recommandations générales

Voici mes méthodes et recommandations générales, à lire au préalable, quel que soit le type de poils, pour toute séance de brossage, démêlage des nœuds, bain et séchage. Reportez-vous ensuite à la partie correspondant au type de poils de votre chien, pour les consignes spécifiques.

REBEL, BOULEDOGUE ANGLAIS

LA SÉANCE DE BROSSAGE ET LE DÉMÊLAGE DES NŒUDS

Brossage

Il ne faut jamais brosser ou démêler une fourrure à sec. Pulvérisez un peu de démêlant sur le peigne ou sur la partie que vous allez brosser. Pour chaque partie concernée (patte, corps...), procédez raie par raie, en soulevant bien les poils et en commençant du bas vers le haut. La peau doit être visible. Brossez toujours à l'aide du **peigne à dents larges tant qu'il n'y a pas de nœuds**, depuis la base du poil. Puis, brossez la raie du dessus et ensuite de suite.

MATÉRIEL

- Un **peigne à dents larges*** pour le brossage (pas de nœuds).
- Une **carde rigide*** pour le démêlage (nœuds) uniquement. La taille des picots doit être adaptée à la longueur et la densité de la fourrure.

*Voir la partie « Les brosses, cardes et peignes » p. 18 pour plus d'explications et savoir quelle carde est adaptée au poil.

CAS PARTICULIER

Si les nœuds sont très serrés et durs, s'ils sont totalement collés à la peau ou s'ils datent de plusieurs mois, adressez-vous à un toiletteur.

- Ne lavez surtout pas votre chien, cela resserrerait les nœuds et le démêlage peut devenir impossible, même par un professionnel.
- N'utilisez pas de ciseaux, vous risqueriez de couper la peau de votre chien.

Démêlage

Dès que le peigne rencontre une résistance, c'est qu'il y a un nœud. **Utilisez la carde rigide pour le démêler :**

- Pulvérisez de nouveau du démêlant jusqu'à ce que le nœud soit humidifié.
- Si le nœud est assez souple, essayez de l'ouvrir avec les doigts.
- Ensuite, démêlez le nœud à l'aide de la carde rigide : tenez la peau avec votre main libre et démêlez par des petits mouvements.
- Commencez par démêler les poils du dessus du nœud, puis allez jusqu'à la base.
- Une fois les nœuds démêlés, passez de nouveau le peigne à dents larges pour contrôler. **Il doit passer à travers le poil sans résistance.**

Utilisez le peigne à dents larges.

Si le peigne rencontre un nœud, utilisez la carde rigide.

Vérifiez toujours la température de l'eau : elle doit être tiède.

LE BAIN

Déroulement

- Fermez bien la porte afin d'éviter que votre chien ne s'échappe de la pièce.
- Installez votre chien dans la baignoire ou le bac à douche munis d'un tapis antidérapant. Pour les très petits chiens (chihuahua, yorkshire...), vous pouvez utiliser le bac d'un grand évier.
- Rassemblez au préalable tout le matériel nécessaire à portée de main : cosmétiques, fleur de douche, serviette...
- Mettez-lui un collier en tissu ou en métal (pas de cuir) afin de pouvoir le contrôler s'il s'agite trop.
- Si vous craignez l'entrée d'eau dans ses oreilles, vous pouvez lui insérer un morceau de coton à l'entrée du conduit auditif.
- Faites couler l'eau à distance de votre chien afin de régler la température, qui doit être tiède.
- Mouillez le pelage en commençant par l'arrière du dos et en plaquant toujours le pommeau de douche directement sur sa peau, puis mouillez l'ensemble de son corps.

MATÉRIEL

- Un **shampoing canin*** adapté au pelage de votre chien.
- Un **après-shampoing*** (si nécessaire).
- Une **fleur de douche****, pour obtenir une belle quantité de mousse avec peu de shampoing.
- Un **tapis antidérapant** dans le fond de la baignoire ou de la douche.
- Une **serviette absorbante** en coton ou en microfibres.
- Un **morceau de coton** pour boucher l'entrée du conduit auditif si besoin.

* Pour le choix de la cosmétique, reportez-vous à la partie correspondant au type de poil de votre chien.
** Sauf pour les poils longs et épais : il est conseillé de shampooiner avec les mains afin d'assurer un lavage en profondeur et éviter de former des nœuds.

- Pour mouiller la tête en toute sécurité, dirigez-la vers le bas et placez délicatement votre main sur sa truffe tout en faisant couler l'eau 1.
- Si vous n'avez pas protégé les oreilles de votre chien avec du coton, prenez garde à ce que l'eau n'y rentre pas. Pour cela, placez votre pouce sur l'entrée du conduit auditif de votre chien.
- Lorsque le pelage est totalement mouillé, déposez une noisette de shampoing sur la fleur de douche, puis émulsionnez avec un peu d'eau 2.
- Commencez par laver la tête, en évitant avec précaution le contact avec les yeux 3 4. Puis, lavez en réalisant des mouvements circulaires, le dos, les flancs 5, les pattes et les pieds 6. N'oubliez pas le ventre 7, les intérieurs de pattes, les espaces entre chaque doigt et chaque coussinet.
- Rincez abondamment en commençant par la tête, toujours le pommeau de douche contre la peau. Pour cela, dirigez la tête de votre chien vers le bas et placez votre main sur ses yeux pour bien rincer en évitant tout contact oculaire 8.
- Rincez ensuite le reste de la tête en plaçant de nouveau votre main sur la truffe.
- Rincez abondamment le dos, puis les flancs, les pattes et les intérieurs. Aidez-vous de votre main libre pour faciliter le rinçage. Rincez jusqu'à ce que l'eau soit claire et que le poil « crisse ». Puis, laissez si possible votre chien s'ébrouer.
- Si votre chien est très sale, vous pouvez réaliser un second shampoing en procédant de la même manière.
- Pour finir, essuyez votre chien avec une serviette. Attention à ne pas emmêler les poils longs.

POINT SÉCURITÉ

- Évitez le contact du shampoing avec les yeux.
- Évitez l'entrée d'eau dans la truffe.
- Évitez l'entrée d'eau dans le conduit auditif.
- Sécurisez votre chien (tapis antidérapant + collier).
- Prenez toujours garde à la température de l'eau.

3
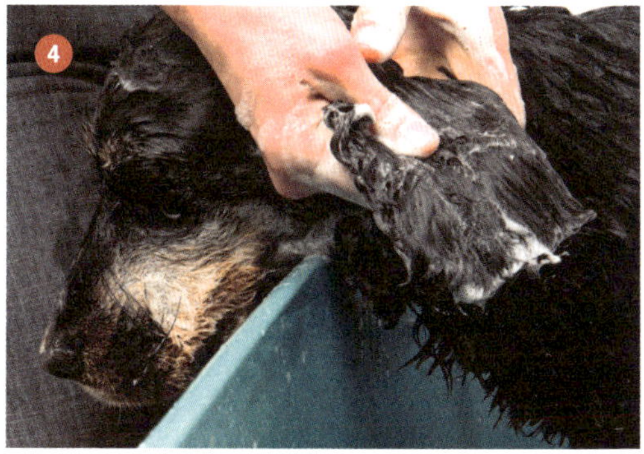
4
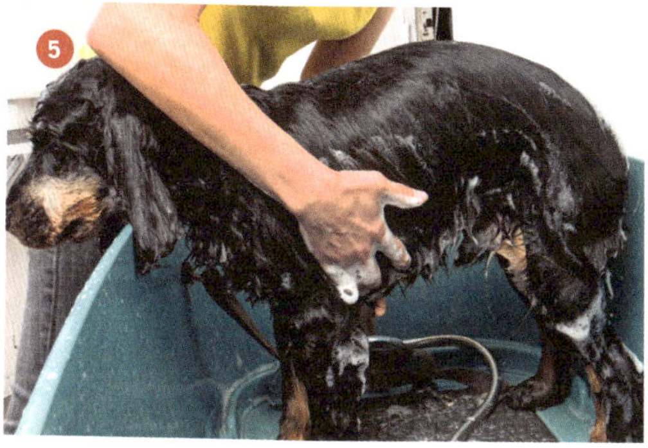
5

6
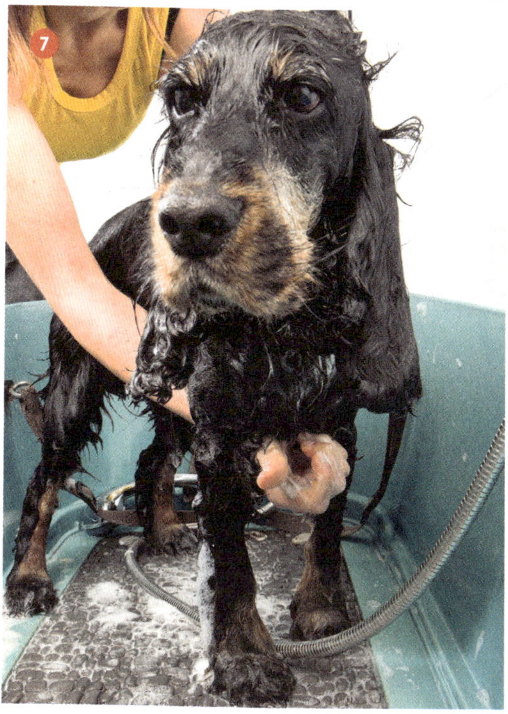
7

8

LE SÉCHAGE

Il ne faut jamais faire l'impasse sur le séchage. Un poil mal séché, notamment chez les poils longs et épais, entraîne une **humidité persistante** à proximité de la peau, ce qui est propice aux **infections cutanées**. Pour certains types de poils, il vous faudra tenir le sèche-cheveux et en même temps brosser à l'aide d'une carde, ce qui nécessite une certaine habilité de votre part ou bien un comportement très calme de votre chien. Dans le cas contraire, l'aide d'une seconde personne sera nécessaire.
Le séchage doit obligatoirement être réalisé sur la table/plan de travail dédié en 3 étapes : essorage, séchage à l'air froid, puis à l'air chaud.

Essorez toujours au maximun avec une serviette avant d'utiliser le sèche-cheveux.

MATÉRIEL
Un sèche-cheveux avec plusieurs niveaux de température et de puissance, ainsi qu'une fonction air froid.

Essorage

Essorez votre chien au maximum à l'aide d'une serviette afin de réduire l'étape du sèche-cheveux.
- Essorez bien les longueurs (franges, oreilles...) en épongeant dans le sens du poil sans frotter circulairement afin de pas créer de nœuds.
- Essorez bien les pattes en pressant légèrement avec la serviette dans vos mains afin d'en extraire le maximum d'eau.
- Enfin, essorez bien l'arrière-train, le corps puis la tête.

Lorsqu'il n'y a plus d'eau qui coule, vous pouvez utiliser le sèche-cheveux.

Séchage à l'air froid

Éliminez un maximum d'humidité sans dessécher inutilement le poil et la peau. Activez le **mode « air froid »** du sèche-cheveux et séchez l'ensemble du corps pendant quelques minutes.
La puissance du sèche-cheveux dépendra du type de poils :
- une puissance minimale pour éviter « l'enroulement » des poils longs ou des poils fins, et donc la création de nœuds
- une puissance maximale sur les poils courts ou les poils qui n'ont pas tendance à s'emmêler facilement.

Séchage à l'air chaud

Commencez par les zones qui sèchent le plus vite. Ainsi, le séchage se fera toujours du haut du dos vers le bas : d'abord le corps, puis les pattes et enfin la tête.
Orientez le sèche-cheveux selon le type de poils de votre chien (dans le sens du poil, à rebrousse-poil, en hauteur ou perpendiculairement au chien...).
Selon le type de poils, vous devrez brosser parfois en même temps (prévoir l'assistance d'une seconde personne si besoin).
Ne changez de zone qu'une fois que la première est sèche.
Commencez toujours par le dos **1** et les flancs **2**. Ensuite, séchez le poitrail **3** et l'arrière-train **4**. Puis, terminez par les pattes avant **5**. Saisissez une des deux pattes avant de votre chien pour la tendre vers vous, vers l'avant et non sur le côté. Faites de même avec l'autre patte avant.

LES ÉTAPES DU SÉCHAGE PAR ZONE

Pour sécher le ventre (6) et les intérieurs de pattes (7), vous avez trois possibilités :

- Si votre chien est assez petit, saisissez-lui les deux pattes avant pour le mettre debout sur ses deux pattes arrière.
- Si votre chien est un peu plus grand ou qu'il ne peut pas se tenir debout sur ses pattes arrière (surpoids, arthrose...), saisissez une des deux pattes arrière pour la tendre vers l'arrière du chien, et non sur le côté. Faites de même pour l'autre patte arrière.
- Si vous avez déjà appris à votre chien à se coucher sur demande, donnez-lui l'instruction. C'est la position la plus simple pour sécher le ventre, les flancs et les intérieurs.

Pour sécher la tête et le cou (8), tenez le museau en lui protégeant les yeux. Certains chiens n'aiment pas sentir le séchoir près de leur tête et en particulier les oreilles. Soyez prudent et orientez très doucement le sèche-cheveux vers la tête. Diminuer la puissance du sèche-cheveux si besoin.

POINT SÉCURITÉ

- Contrôlez régulièrement que la température n'est pas trop élevée en posant une main sur votre chien.
- N'orientez jamais le sèche-cheveux vers ses yeux.
- Ne levez pas les pattes de votre chien trop haut et évitez de les lever sur le côté.
- N'oubliez pas de sécher entre les plis cutanés afin d'éviter l'apparition de zones de macération à l'aide du sèche-cheveux sur le corps et d'un mouchoir absorbant sur la face.

Brosses, cardes et peignes

LA BROSSE OU LE GANT EN CAOUTCHOUC 1

Ces outils conviennent **uniquement aux chiens à poils courts**. Il en existe de différentes tailles et formes.
Les picots permettent d'enlever efficacement les poils morts. Ils s'utilisent en réalisant des mouvements circulaires ou verticaux sur l'ensemble du corps.
Ils activent la circulation sanguine et massent le chien.

LE PEIGNE À DENTS LARGES 2

C'est l'outil indispensable pour le toilettage de nombreux chiens, dès lors qu'ils présentent 2 ou 3 cm de poils (poils mi-longs et longs).
Ce peigne sert pendant le brossage, avant le bain, à vérifier qu'il n'y a plus de nœuds après un démêlage et à enlever l'excès de bourre.
Les dents longues relativement bien espacées permettent d'atteindre efficacement la base du poil, là où se forment les nœuds.
Le brossage est indispensable pour les chiens à poils doubles longs (spitz, berger australien...), à poils laineux (caniche...) et sur les franges des chiens à poils mixtes (cockers, cavalier King Charles...).

LES CARDES 3

Les cardes sont indispensables si votre chien présente 2 ou 3 cm de poils (poils mi-longs).
Elles permettent d'**éliminer de nombreux poils morts** et de **démêler les nœuds**.
Certaines s'utilisent également lors du **brossage après le bain**.
Il en existe de différentes tailles, plus ou moins souples ou raides, et dont les picots sont plus ou moins grands :
- Les petits modèles sont adaptés aux chiens de petite taille, mais également pour brosser les zones peu accessibles.
- Certaines cardes ont des picots plus courts 4. Elles conviennent plutôt aux poils mi-longs et aux fourrures peu denses (bichon maltais ou yorkshire...).
- Plus les picots sont longs 5, plus la carde est destinée aux fourrures épaisses (spitz, cocker...).
- Les cardes recouvertes de petites billes de protection ne conviennent que pour le brossage après le

7

8

9

10

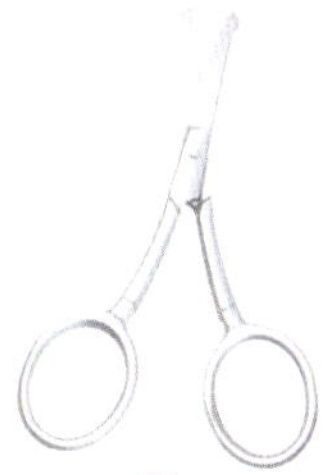

11

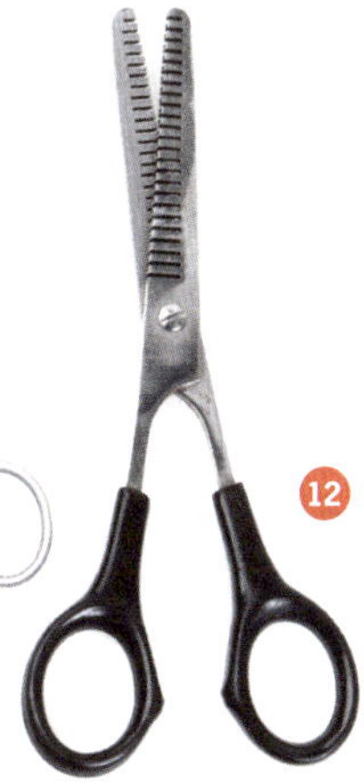

12

bain, elles ne permettront pas de démêler les nœuds.
- Les cardes rigides à picots durs sont davantage conçues pour le brossage **avant le bain**. Elles permettent de démêler les nœuds.
- Les cardes flexibles à picots souples 6 sont davantage conçues pour le brossage **après le bain**.
Les cardes s'utilisent en réalisant un mouvement fluide, circulaire et rapide.
Testez d'abord la carde sur votre avant-bras pour maîtriser le geste permettant de partir de la base de la peau, en évitant d'érafler ou d'irriter votre chien.

LES BROSSES 7

Les brosses conviennent uniquement pour la finition des fourrures longues et très longues, semblables aux cheveux, c'est-à-dire sans sous-poil. Elles s'utilisent uniquement sur un poil démêlé, bien entretenu avec un spray antistatique.
Elle ne sera pas efficace sur les nœuds, ni sur les fourrures denses.

LE PEIGNE À FINITION 8 9

Ce peigne à dents serrées s'utilise en finition sur du poil totalement démêlé, lavé et séché, sur tous les pelages mi-longs et longs, quelle que soit leur épaisseur.

LE PEIGNE À PUCE 10

Ces petits peignes sont très pratiques pour brosser et éliminer les résidus lacrymaux chez les chiens qui présentent des poils longs au niveau du museau (york shire, bichons, shih tzu...)

LES CISEAUX

Il existe de nombreux modèles de ciseaux de tailles et de formes différentes. Pour un usage non professionnel, choisissez un petit modèle avec des bouts ronds 11 et une autre petite paire avec des dents crantées 12.

LES OUTILS À ÉVITER

Il convient d'éviter les brosses, étrilles ou râteaux dits « démêlants » qui sont en fait munis de dents ou de lames tranchantes. Ces outils coupent beaucoup de poils inutilement, dont des poils vivants, au lieu d'éliminer uniquement les poils morts.
Utilisés régulièrement, ils dénaturent à la longue la fourrure de votre chien.

Choisissez un shampoing canin adapté au type de poils de votre chien.

Shampoings et autres produits cosmétiques

LES SHAMPOINGS

Il est nécessaire d'utiliser un shampoing spécifique pour chien, car les shampoings pour humains ne sont pas formulés pour l'hygiène canine (base lavante inadaptée, parfum trop prononcé…).
La plupart des marques de cosmétique canine du commerce proposent un shampoing dit « universel » adapté à tous types de races et de poils. Vous pouvez l'utiliser en premier shampoing si votre chien est très sale et qu'un second shampoing est nécessaire. Le second pourra être réalisé avec un shampoing plus spécifique.
Il existe aujourd'hui sur le marché des formulations spécifiquement adaptées à différents poils qui peuvent être intéressantes pour faciliter le toilettage chez vous et améliorer le rendu esthétique. En voici une liste non exhaustive :
- **Poils longs** : ils ont un effet gainant et facilitent le démêlage.
- **Poils durs** : ils sont formulés spécifiquement pour éviter le ramollissement du poil.
- **Poils blancs** : ils ravivent la couleur blanche et neutralisent le jaunissement.
- **Poils noirs** : ils ravivent la couleur noire et neutralisent les reflets indésirables.
- **Volume** : ils donnent un effet vaporeux aux coupes dont le volume a besoin d'être rehaussé.
- **Pellicules** : ils éliminent efficacement les pellicules et en réduisent l'apparition.
- **Spécial chiots** : ils contiennent une base lavante ultra-douce, le poil des chiots étant encore délicat et juvénile.

Si votre chien présente un problème cutané spécifique (dermatite atopique canine, alopécie, séborrhée…), **consultez votre vétérinaire** qui vous prescrira **un shampoing traitant adapté.**
Attention, certains shampoings sont vendus comme « concentrés » et doivent être dilués. Respectez bien le taux de dilution indiqué sur l'étiquette. Utilisez une bouteille d'eau ou un verre de cuisine gradué et lavez votre chien. Ne conservez pas le reste de shampoing déjà dilué.

LES APRÈS-SHAMPOINGS

Les après-shampoings ont plusieurs fonctions selon les produits : plombant, lissant, démêlant, nourrissant et antistatique. Ils rendent également le poil plus facile à coiffer.
C'est pourquoi ils ne sont utiles que sur certains types de poils, en général les poils longs et les poils laineux qui s'emmêlent facilement, ou bien si le pelage de votre chien est sec.
Ils sont à éviter sur les poils durs, ainsi que sur les chiens dont le pelage a une tendance grasse.

LES DÉMÊLANTS

Ils s'utilisent avant le bain et facilitent le brossage et le démêlage des races à poils mi-longs et longs tout en évitant d'abîmer le poil et d'occasionner de la douleur.
Ils se présentent souvent sous forme de spray : une petite pulvérisation suffit, soit sur la brosse, soit sur le pelage lui-même. Si vous ne réalisez pas de bain à la suite du brossage, ne mettez pas trop de démêlant (pulvérisez-en davantage si le nœud est important).

LES PUCES

Les chiens qui passent beaucoup de temps dehors dans les hautes herbes ou les zones ombragées et humides peuvent attraper des puces.
Ces petits insectes bruns à longues pattes, détectables à l'œil nu, déposent de nombreux petits excréments noirs, visibles dans le pelage du chien. Les puces se nourrissent du sang du chien infesté. Certains chiens sont allergiques à la salive des puces, ce qui se manifeste par démangeaisons et un grattage sur l'ensemble du corps, entraînant des rougeurs, des croûtes, voire une perte de poils. De plus, les puces peuvent être porteuses du ténia. Si votre chien en ingère une, il peut se retrouver infesté par ce ver intestinal.
Puisqu'il vaut mieux prévenir que guérir, utilisez régulièrement des répulsifs anti-puces. Inspectez à l'aide d'un peigne à puces la fourrure de votre chien après chaque balade à la campagne ou en forêt.
S'il est trop tard, il faut traiter votre chien rapidement. Le vétérinaire vous prescrira le traitement adapté, sous forme de spray ou de pipette spot-on à appliquer entre les omoplates, ou un shampoing anti-parasitaire insecticide, en général à base de perméthrine, fipronil ou méthoprène. Ce shampoing détruira très rapidement les puces et aura également un effet répulsif. Respectez bien les conseils d'utilisation, notamment le temps de pose du shampoing. Au moment du bain, il est souvent recommandé d'utiliser un peigne à puce.
Si vous avez traité votre chien à l'aide d'une pipette ou de spray, vous pouvez ensuite réaliser un shampoing insectifuge afin d'éliminer les résidus d'excréments de puce, mais en respectant un délai d'au moins 4 jours après l'application du traitement.
Les shampoings insectifuges sont à visée préventive uniquement. Ils sont formulés en général à base d'huiles essentielles ou d'extraits de plantes (lavandin, géraniol ou margosa).
Les œufs des puces peuvent survivre pendant plusieurs mois. Il faut donc en parallèle traiter également votre habitation (moquettes, literie…) à l'aide de produits insecticides environnement.

TIQUES

Les tiques sont des parasites acariens qui se fixent sur le chien, en général sur la tête, derrière les oreilles et le cou. Elles se gorgent de sang jusqu'à obtenir la taille d'un petit pois et peuvent transmettre la maladie de Lyme (borréliose).
Si votre chien présente une tique, n'utilisez surtout pas de pince à épiler pour la retirer. Vous risqueriez d'ôter uniquement le corps de la tique et de laisser la tête dans la peau du chien, ce qui peut créer une infection. Il existe des « tire-tique » (pharmacie), qui permettent d'extraire la tique dans sa totalité. Désinfectez bien ensuite la peau de votre chien.
Pour éviter les piqûres de tiques, il existe également des spots-on, qui sont également efficaces sur les puces.

Hygiène & soin : yeux, oreilles, dents et pattes

Nettoyer les yeux

POURQUOI ET COMMENT NETTOYER LES YEUX DE VOTRE CHIEN ?

De nombreuses races ont des sécrétions lacrymales qui s'accumulent au coin interne de l'œil, plus ou moins fréquemment selon les individus. En général, il s'agit surtout des races à poils longs, ainsi que des races à face aplatie.
Les sécrétions lacrymales sont acides et entraînent une coloration des poils autour des yeux. Chez les chiens à poils blancs, on observe des traces brunâtres et disgracieuses. Ce phénomène est également présent chez les chiens à poils foncés, mais cela est beaucoup moins visible. Pour éviter ces traces inesthétiques, ainsi que d'éventuelles conjonctivites, **contrôlez quotidiennement les yeux** de votre chien et nettoyez-les dès que les sécrétions apparaissent. Pour certains chiens, cela doit être fait quotidiennement.
- Tenez l'œil ouvert avec deux doigts d'une main afin de tenir la paupière ouverte.
- Avec l'autre main, faites couler doucement une ou deux gouttes dans l'œil.
- Faites attention à ne pas toucher l'œil avec le récipient du produit ou avec vos doigts.
- Nettoyez l'excédent avec la compresse en partant de l'angle interne (nez) vers l'angle externe (tempe) pour éviter de ramener les saletés vers l'œil.
- N'oubliez pas de récompenser votre chien !

MATÉRIEL
- Une compresse. Ne pas utiliser de coton, qui a tendance à se déliter.
- Du sérum physiologique ou une lotion oculaire pour chien. Si le produit doit être conservé au réfrigérateur, pensez à le faire revenir à température ambiante avant utilisation.

1 Maintenez l'œil ouvert et faites couler doucement une ou deux gouttes dans l'œil.

2 Essuyez l'excédent avec la compressse.

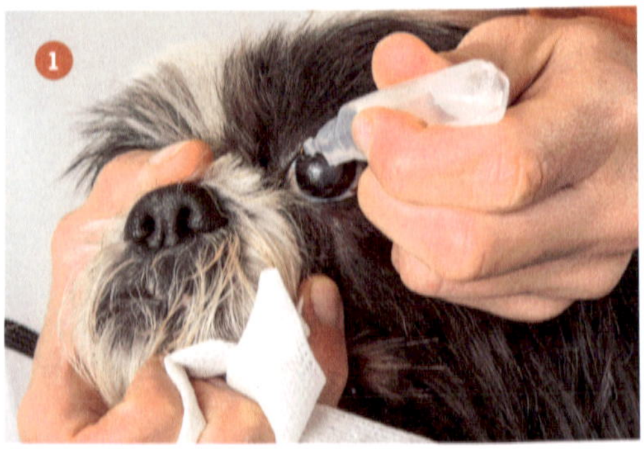

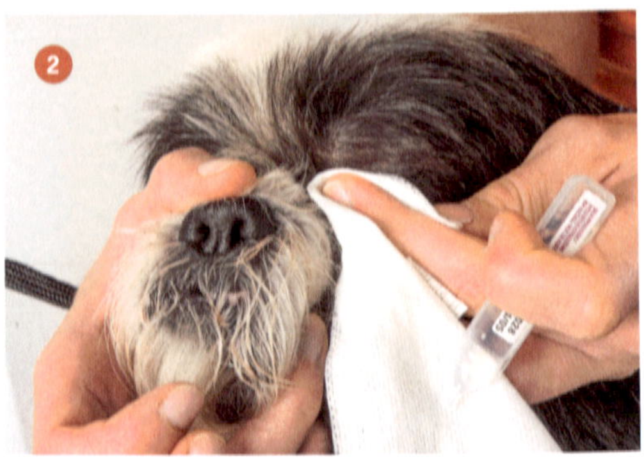

À cause de l'acidité des sécrétions lacrymales, on observe des traces brunâtres et disgracieuses sous les yeux chez la plupart des chiens à poils blancs.

LES RACES AVEC DES PLIS (BOULEDOGUE, CARLIN...)

Les races de chiens avec des plis sont souvent prédisposées à un excès de sécrétions lacrymales, ainsi qu'une sensibilité accrue aux infections oculaires. Un **nettoyage des yeux quotidien** est donc recommandé, ainsi qu'une bonne hygiène au niveau des plis du visage. Des impuretés s'y accumulent facilement, la peau est peu ventilée et donc sujette aux macérations et aux frottements, ce qui est propice au développement d'infections cutanées.

- Avec une compresse imbibée de sérum physiologique ou une lingette nettoyante, nettoyez entre chaque pli, afin de n'y laisser aucune saleté.
- Ensuite, il est important de bien sécher entre les plis pour éviter l'humidité et la macération. Pour cela, utilisez une autre compresse, mais sèche.

1. *À l'aide d'une compresse imbibée de sérum physiologique, nettoyez les plis près des yeux.*
2. *Nettoyez entre chaque pli du museau, en haut...*
3. *... et en bas...*
4. *sans oublier les plis du front.*
5. *La saleté sur la compresse montre l'importance du nettoyage pour éviter les infections cutanées.*
6. *Utilisez ensuite une compresse sèche pour essuyer à nouveau chaque pli.*

MATÉRIEL

- une **compresse**.
- des **lingettes nettoyantes** spécialement formulées pour les chiens ou du sérum physiologique.

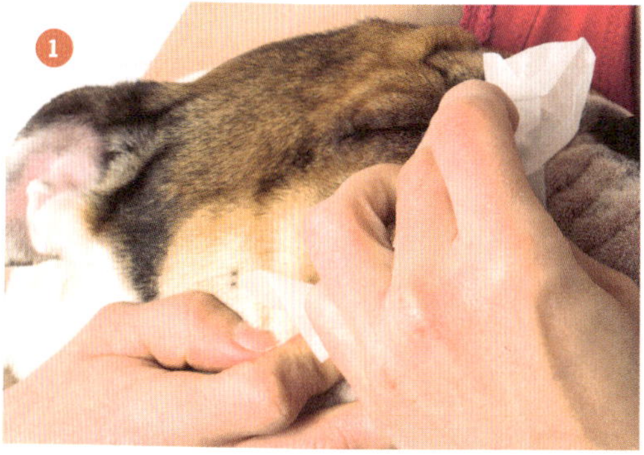
1

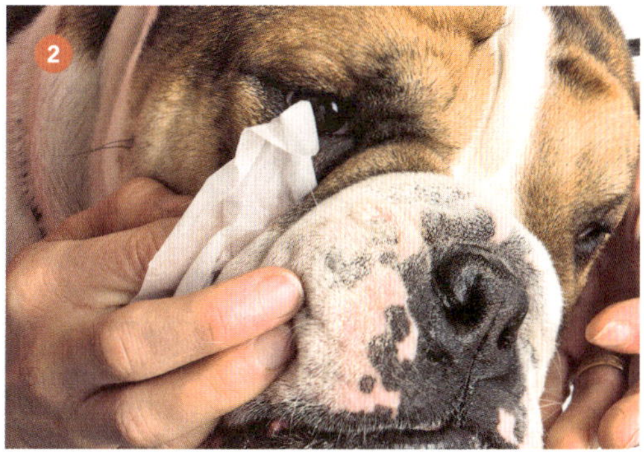
2

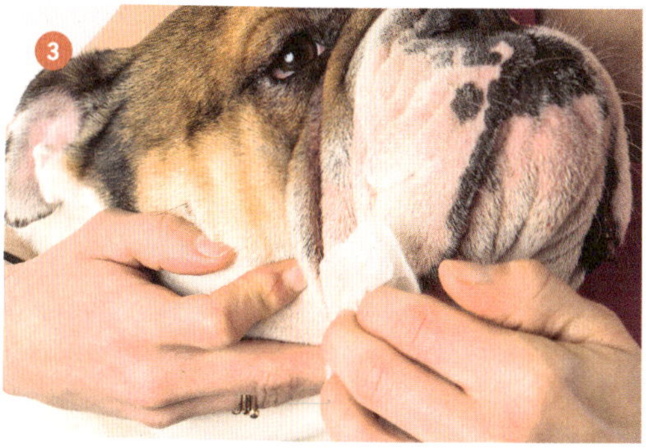
3

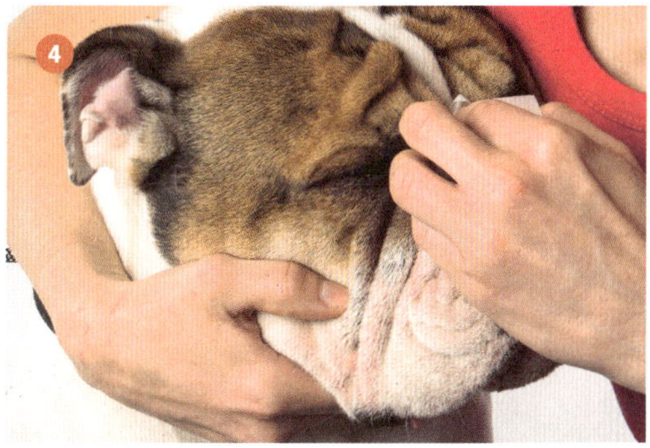
4

5

6

Dégager le regard

Cette étape est identique quel que soit le pelage de votre chien.
Avec un petit peigne à puce, soulevez les poils des coins internes de l'œil. Avec les petits ciseaux à bouts ronds ou les petits ciseaux crantés, coupez les poils des coins internes des yeux puis autour des yeux.
Dirigez toujours les ciseaux vers l'extérieur, et non vers votre chien.

Les poils peuvent gêner la vision.

Certains chiens à poils longs ont des poils à l'intérieur des oreilles.

Nettoyer les oreilles

POURQUOI NETTOYER LES OREILLES ?

Le chien possède un conduit auditif en forme de L qui sécrète du cérumen, substance cireuse de couleur légèrement marron.
Selon la taille et la forme de l'oreille (droite, longue, courte, tombante, recourbée...), les soins prodigués seront plus ou moins importants.
- **Les chiens à oreilles tombantes** (cocker, cavalier king charles...) doivent faire l'objet d'une attention particulière, l'entrée du conduit auditif étant couverte, ce qui favorise l'humidité et la chaleur, conditions propices au développement des gales d'oreille.
• Un contrôle quotidien de votre part et un nettoyage dès que nécessaire est conseillé.
• Une tonte de la face interne de l'oreille par votre toiletteur est recommandée.

- **Certains chiens à poils longs ont des poils qui poussent dans les oreilles** (coton de Tuléar, caniche...) : ils doivent faire l'objet d'une attention particulière car ces poils, s'ils sont trop abondants, peuvent empêcher une ventilation suffisante et l'élimination naturelle du cérumen et créer un bouchon.

Il faut bien contrôler les oreilles de votre chien.

- Un contrôle quotidien de votre part et un nettoyage dès que nécessaire est conseillé.
- Le toiletteur ou le vétérinaire devra épiler les poils du conduit auditif. Cette opération doit être faite régulièrement, tous les 2 à 3 mois, par un professionnel, car mal réalisée, elle peut entraîner une irritation, voire une otite.

- **Dans les autres cas :** contrôlez chaque semaine et nettoyez dès que nécessaire.

Un contrôle hebdomadaire de l'état des oreilles de votre chien vous permettra de **détecter rapidement tout signe de problème auriculaire**.

Nettoyez comme expliqué plus loin **seulement si cela est nécessaire**. Un nettoyage excessif et non nécessaire peut entraîner des irritations, voire une otite.

Contactez votre vétérinaire si vous observez un ou plusieurs signes suivants :

- une odeur désagréable au niveau des oreilles
- un écoulement au niveau des oreilles
- une présence importante de cérumen
- votre chien se gratte excessivement l'oreille
- votre chien se secoue ou incline excessivement la tête.

COMMENT NETTOYER LES OREILLES DU CHIEN ?

- Installez votre chien de manière à le tenir contre vous (sur la table dédiée à son toilettage ou directement à terre) et laissez-le se mettre dans la position qui lui est la plus commode (assis, allongé...). Pour les races naines et petites, vous pouvez l'enrouler dans une serviette pour l'immobiliser.
- D'une main, tirez le pavillon de l'oreille vers le haut afin de dégager les cavités.
- Avec votre autre main, tenez le nettoyant auriculaire juste au-dessus du conduit auditif et faites-le couler doucement dans l'oreille (1).
- Massez délicatement la base de l'oreille pour permettre au nettoyant de se distribuer dans le canal auriculaire (2). Cela va également relaxer votre chien.
- Laissez ensuite votre chien secouer sa tête.
- Avec la lingette ou la compresse, ôtez l'excédent de cérumen et nettoyez la base du conduit auditif (3).
- Récompensez votre chien à la fin pour qu'il garde un souvenir positif des soins.

Il sera ainsi plus facilement manipulable et donc moins stressé. Parlez-lui calmement et, s'il s'agite trop, arrêtez les soins pendant un moment.

MATÉRIEL

- Une lingette auriculaire ou une compresse.

Ne pas utiliser de coton-tige. Si votre chien bouge brusquement, cela pourrait endommager le tympan ou pousser le cérumen à l'intérieur.
Ne pas utiliser de coton, qui a tendance à se déliter.

- Un produit nettoyant auriculaire pour chiens.

Sa formulation est spécifiquement adaptée au conduit auditif et contient des actifs adoucissants favorisant l'élimination du cérumen. Ne pas utiliser d'eau ni de produit alcoolisé, cela pourrait provoquer une otite.
Si le produit doit être conservé au réfrigérateur, faites-le revenir à température ambiante au préalable.

Il est important d'habituer votre chiot au nettoyage des oreilles dès son plus jeune âge. Instaurez cette routine dès le début !

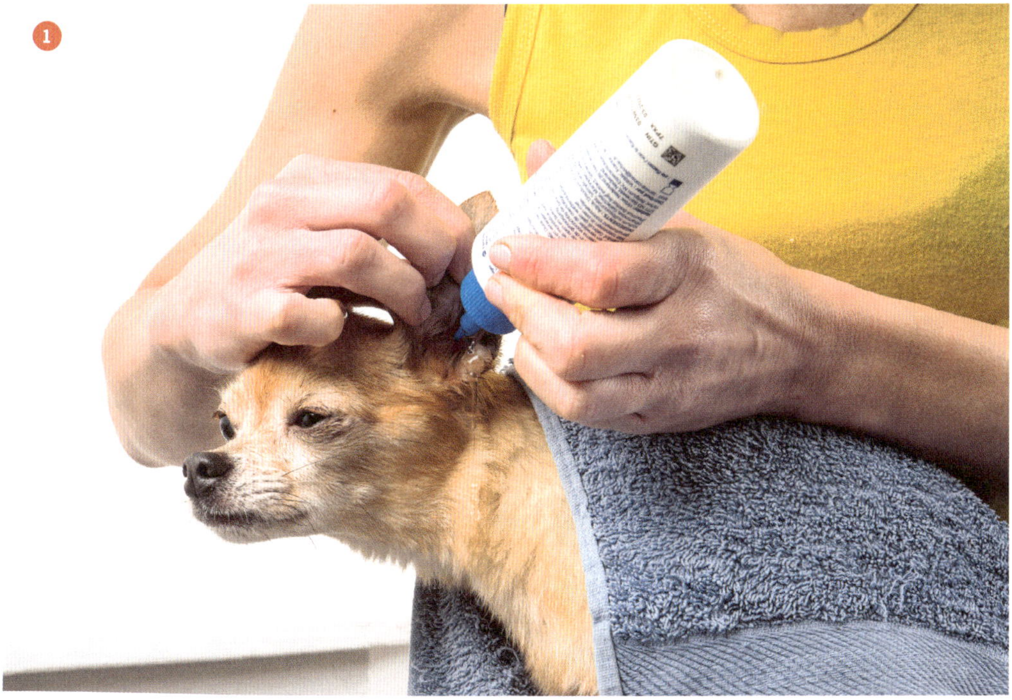
1

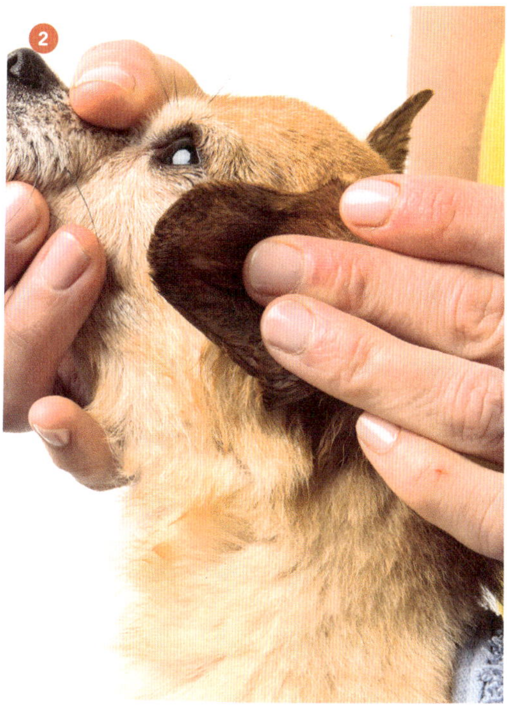
2

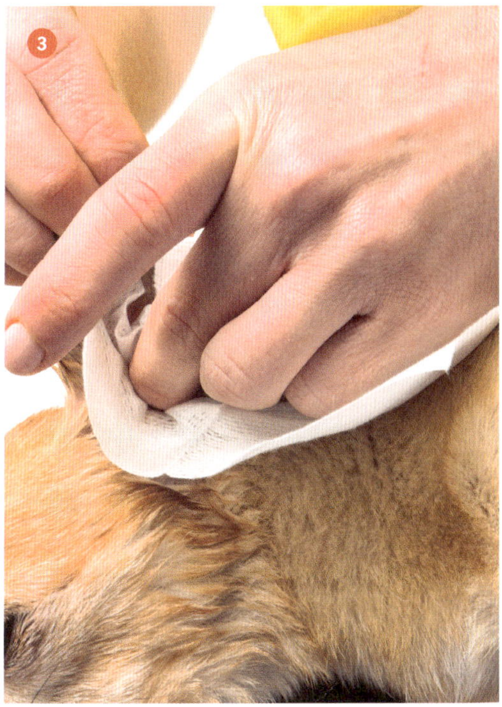
3

Brosser les dents

POURQUOI LUI BROSSER LES DENTS ?

Il ne faut pas négliger d'inspecter régulièrement l'état des dents de votre chien afin de s'assurer de l'absence de tartre ou d'infection des gencives. Tout comme chez les humains, un excès de tartre est à l'origine d'une mauvaise haleine et les gingivites entraînent un déchaussement, voire une chute de dents ou tout autre problème dentaire qui, à terme, provoquent des conséquences néfastes sur l'état de santé générale.
Afin de réduire l'accumulation de tartre, vous pouvez lui donner des biscuits durs ou des os à ronger, mais la meilleure solution est le brossage de ses dents.
Le brossage des dents est uniquement préventif et va permettre de réduire les frais de détartrage et l'anesthésie. Le brossage doit être réalisé **au minimum 3 fois par semaine** pour être efficace, **voire tous les jours** si vous le pouvez.
Cependant, si votre chien présente déjà beaucoup de tartre, seul un détartrage chez le vétérinaire pourra y remédier.

MATÉRIEL

- Une brosse à dents spécifique pour chien (A) avec des poils suffisamment souples pour ne pas irriter les gencives de l'animal et suffisamment rigides pour un nettoyage efficace. Il existe également des doigtiers en silicone (B) qui s'enfilent comme un dé à coudre.
- Un dentifrice pour chiens (C), spécifiquement formulé pour être appétent, efficace sans rinçage et ingéré en toute sécurité (le chien ne peut pas recracher sur demande). N'utilisez pas de dentifrice pour humains, car ils contiennent une dose trop élevée de fluor pour les chiens, ce qui pourrait les rendre malades.

A

B

C

COMMENT LUI BROSSER LES DENTS ?

L'idéal est d'habituer votre chien à cette routine dentaire lorsqu'il est encore petit.
Procédez au préalable à une étape de découverte et de familiarisation :
- Habituez-le au goût du dentifrice en lui en proposant sur votre doigt régulièrement sans l'étaler sur ses dents.
- À l'aide de votre index, badigeonnez du dentifrice sur les dents de votre chien et faites des mouvements entre les dents et les gencives. Commencez par les dents de devant, puis celles de derrière. Si votre chien ne se laisse pas faire au début, ne forcez pas. Le but est de l'habituer aux gestes de brossage. Effectuez cet exercice régulièrement et rapprochez les séances au fur et à mesure.

Une fois familiarisé avec le dentifrice et les gestes du brossage, réalisez une première séance de brossage :
- Munissez-vous de la brosse à dents et du dentifrice (1).
- Appliquez le dentifrice sur la brosse humidifiée et laissez le chien en lécher un peu avant de commencer (2).
- Soulevez les babines avec votre main libre et débutez par le brossage des canines (3).
- Brossez bien à la base des dents pour éliminer toutes les plaques de tartre (4).
- Pour celles de derrière, effectuez des mouvements circulaires sur le dessus des dents et brossez les côtés des dents du bas vers le haut.
- Gardez le brossage des incisives pour la fin, car elles sont très sensibles.

Les séances de brossage doivent être rapides afin d'éviter que votre chien ne perde patience. Une fois cette routine instaurée et respectée, votre chien sera davantage à l'abri de problèmes dentaires liés au tartre.

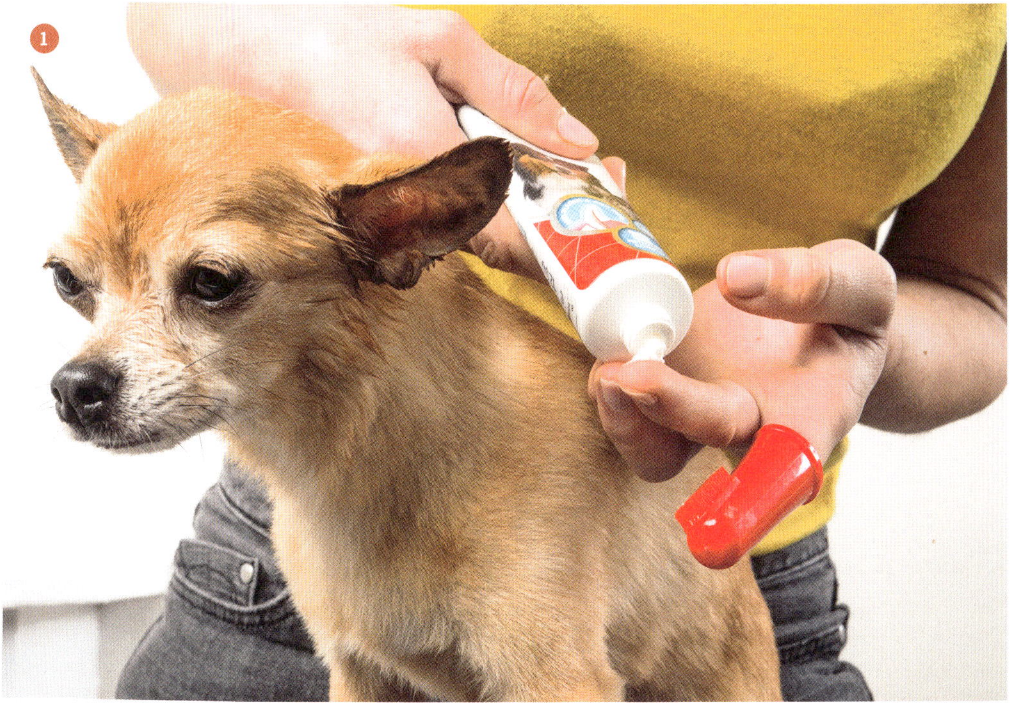
1

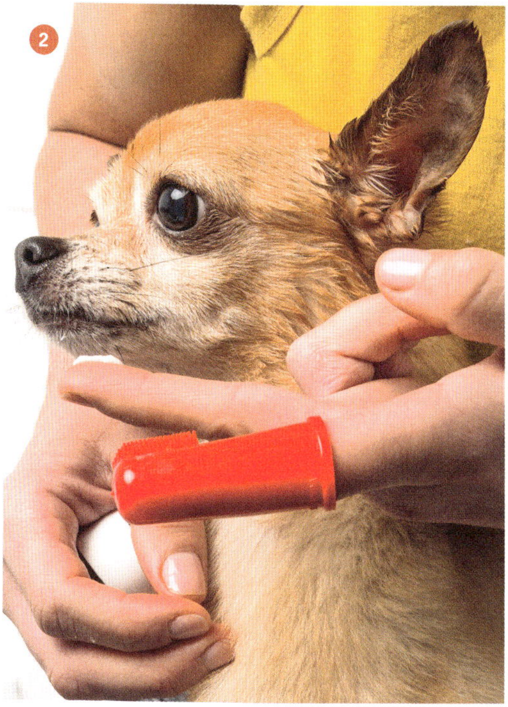
2

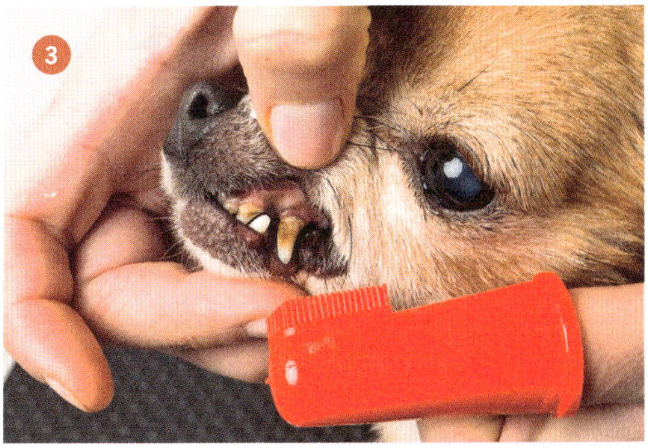
3

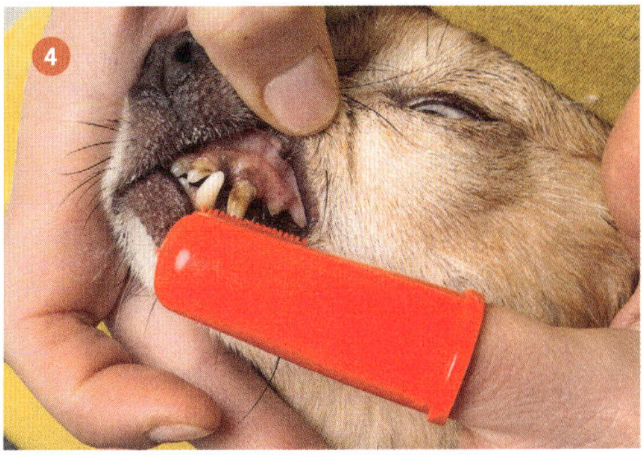
4

N'attendez pas que les griffes de votre chien deviennent trop longues.

Couper les ongles

LES ONGLES DES CHIENS

Les ongles des chiens sont constitués de kératine dure et s'usent naturellement lorsque le chien marche sur des surfaces dures (ciment, pavé, goudron, asphalte...).
À l'intérieur de l'ongle se trouve une partie vivante comportant nerf et vaisseau sanguin. Cette partie vivante est plus ou moins longue selon chaque chien et pousse en même temps que l'ongle. Plus l'ongle est long, plus la partie vivante est longue.
Il est donc nécessaire d'épointer les ongles régulièrement afin de ne pas laisser la partie vivante croître. Si les ongles touchent le sol, ils doivent être coupés.
Si l'ongle ne s'use pas suffisamment (chien âgé, activité insuffisante...), il va toucher le sol et cela va devenir inconfortable, voire douloureux. Des ongles trop longs déstabilisent la démarche du chien.
Les ergots (ongles supplémentaires correspondant au « pouce ») vont s'enrouler en forme de coquillette et venir s'incarner dans le coussinet. **Les ergots ne touchant pas le sol, ils poussent naturellement plus vite que les autres ongles.**

COUPE D'UNE GRIFFE : LE BON GESTE

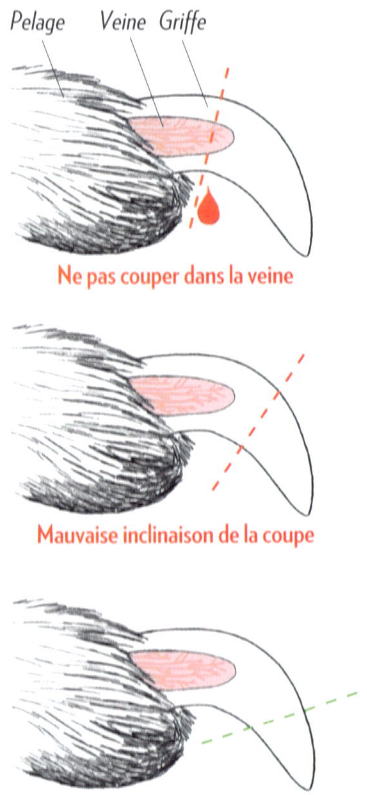

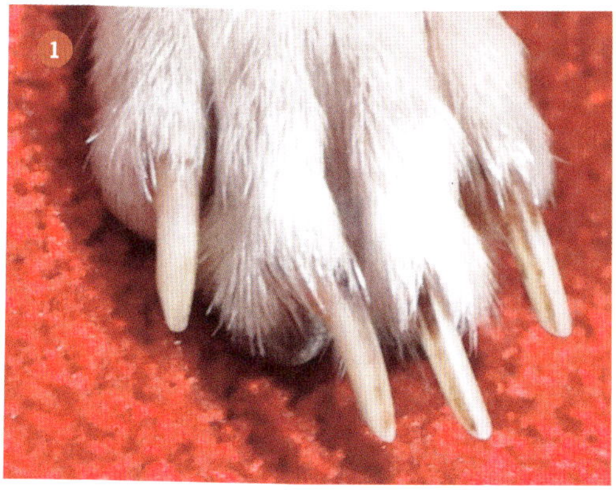

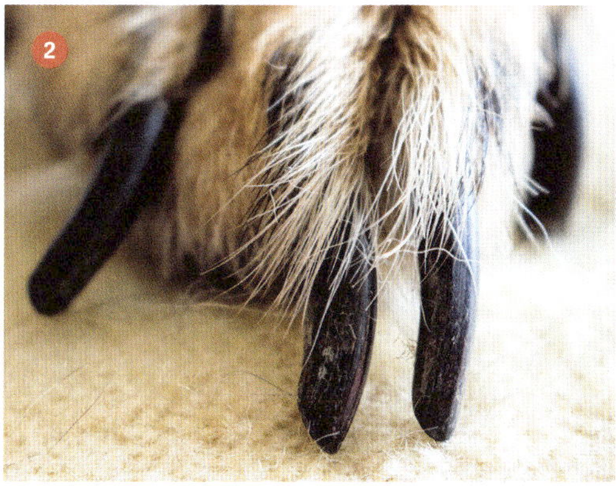

Certains chiens ont des ongles translucides, d'autres, noirs. La coupe est différente.

CAS PARTICULIER
Si les ongles dépassent le niveau du sol et qu'il n'est pas possible de les faire couper sans que cela ne sectionne la veine, rendez-vous chez le vétérinaire.

Vérifiez l'état des ongles régulièrement, **environ 1 fois par mois**, et coupez-les dès que possible.
Chez certains chiens, les ongles sont translucides (1), la partie vivante de couleur rose est donc clairement visible. Dans ce cas, il faut couper un peu en dessous de cette partie rosée.
Mais d'autres chiens ont les ongles noirs (2), la partie vivante n'est donc pas visible. Dans ce cas, il faut épointer seulement l'extrémité recourbée de l'ongle. Si de la pulpe blanche apparaît, il ne faut plus rien couper. Si c'est toujours noir, vous pouvez continuer d'épointer encore un peu.
Si par mégarde la partie vivante a été coupée et que l'ongle saigne, appliquez une poudre hémostatique ou une compresse imbibée d'eau oxygénée, comprimez quelques minutes et rassurez votre chien. Le saignement s'arrêtera en un rien de temps.

LES OUTILS

N'utilisez pas de coupe-ongles pour humain : ils ne sont pas adaptés, car ils risquent d'écraser et non de couper les ongles des chiens, plus durs.
Il existe sur le marché des coupe-ongles à guillotine et des pinces à ongles de deux tailles différentes (3) (4). Choisissez la taille adaptée au gabarit de votre chien.
Les coupe-ongles pour chats peuvent également convenir pour les chiens *toy* (chihuahua, pinscher...) et vous permettront d'être plus précis.
Il existe également des limes à ongles pour chien, elles sont efficaces et peuvent être utilisées si vous craignez de blesser votre chien. Le seul inconvénient est que le limage prend beaucoup de temps.

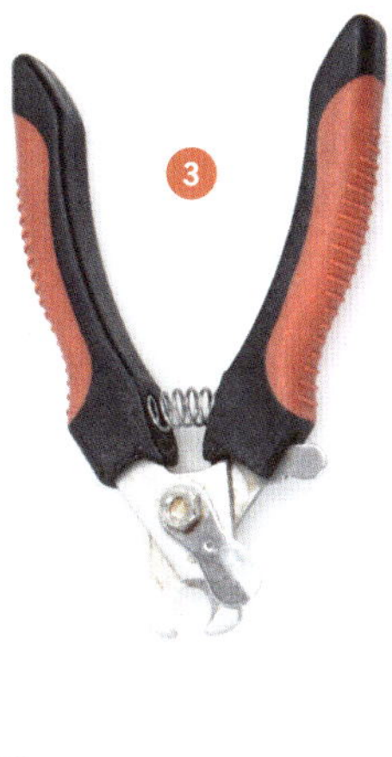

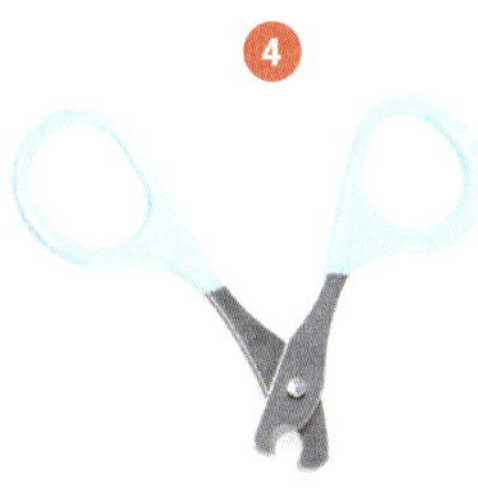

COMMENT COUPER LES ONGLES ?

Pour procéder à la coupe des ongles, installez votre chien de manière à le tenir contre vous **1** (sur la table dédiée à son toilettage ou directement à terre) et laissez-le se mettre dans la position qui lui est la plus commode (assis, allongé, en sphinx...).
Pour les races naines et petites, vous pouvez l'enrouler dans une serviette pour l'immobiliser **2**. Veillez à être très bien éclairé.
Si votre chien est trop agité et ne se laisse pas faire, demandez à une seconde personne de le tenir au niveau du collier.
- **Pour les pattes avant :** placez-vous face à votre chien et saisissez sa patte avec votre main libre. Appuyez légèrement sur les coussinets afin de faire sortir l'ongle **3**. Puis, procédez à la coupe comme page précédente pour chacun des ongles en lui maintenant bien la patte **4** **5**.
- **Pour les pattes arrière :** tournez votre chien et placez-vous au niveau de son arrière-train. Saisissez sa patte avec votre main libre en restant dans l'axe de sa hanche. Évitez de lui lever sa patte trop haut. Appuyez légèrement sur les coussinets afin de faire sortir l'ongle. Puis, procédez à la coupe pour chacun des ongles en lui maintenant bien la patte **6**.
Récompensez votre chien à la fin, voire entre chaque patte, afin qu'il garde un souvenir positif des soins.

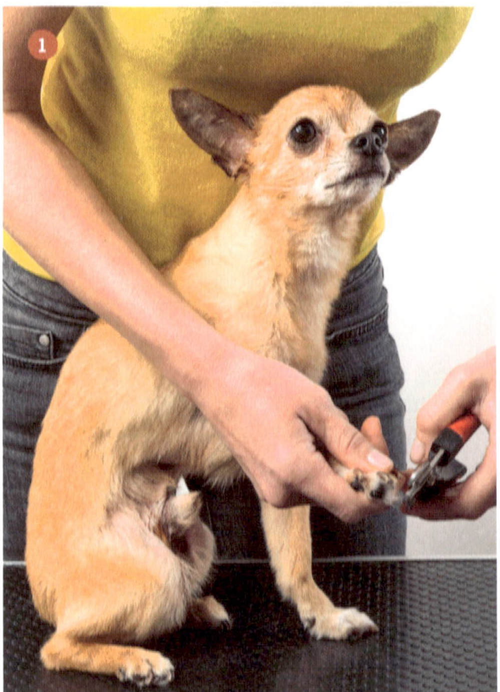

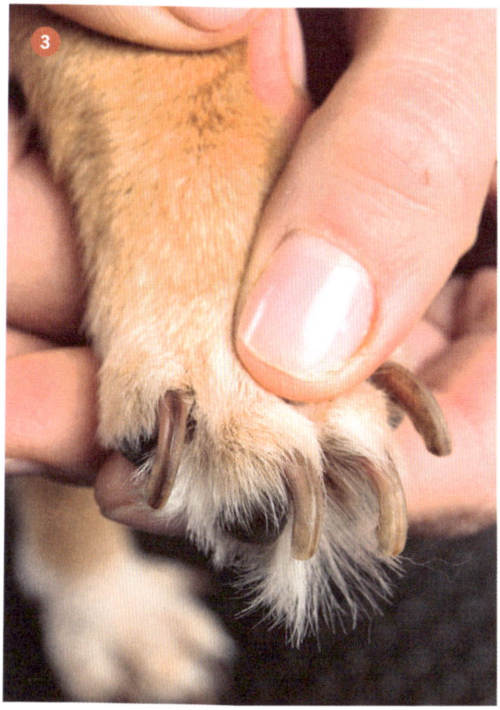
3

4
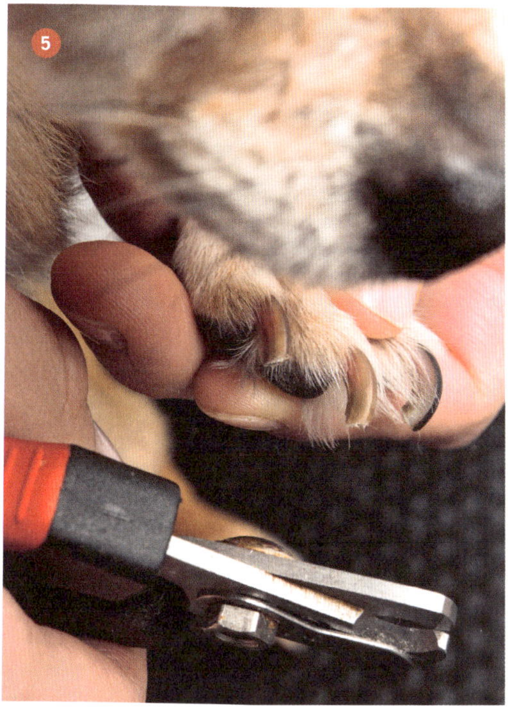
5
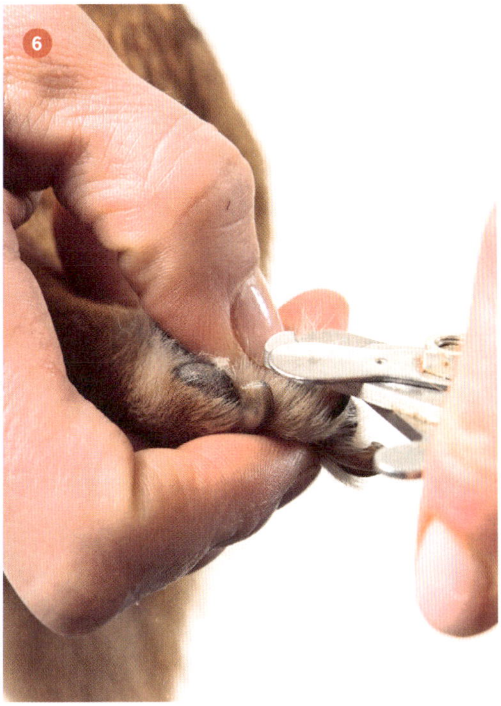
6

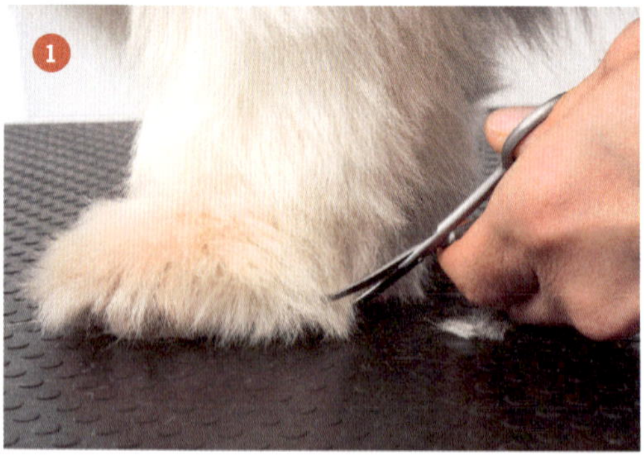

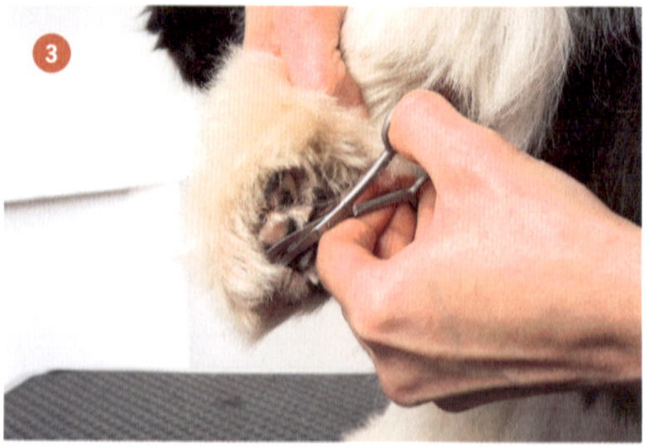

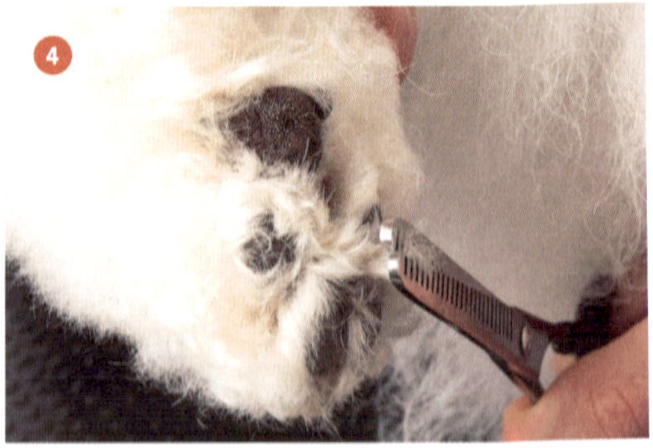

Couper les poils autour des pattes

Les chiens à poils mi-longs et longs ont rapidement les poils trop longs autour des pattes. Mettez le chien debout en position naturelle. Peignez les poils et coupez ceux qui touchent le sol avec des petits ciseaux à bouts ronds 1 2.

Prendre soin des coussinets

Les coussinets sont constitués de tissus fibreux et adipeux et sont recouverts d'une couche cornée épaisse qui protège, isole et amortit les chocs.
Il est important d'inspecter l'état et la propreté des coussinets et des espaces interdigitaux, en particulier chez les races qui y ont des poils. En effet, divers corps étrangers peuvent facilement s'y insérer et s'agglomérer avec les poils : cailloux, épillets, sable, débris de verre… ainsi que des saletés. Cela peut engendrer une gêne, voire provoquer des kystes ou une infection si l'on n'y prête pas attention.

COUPER LES POILS SOUS LES COUSSINETS

Les chiens à poils mi-longs et longs ont souvent beaucoup de poils entre les coussinets. Ils doivent être coupés régulièrement afin d'éviter que des impuretés et des saletés s'y logent.
Utilisez une petite paire de ciseaux à bouts arrondis et coupez les poils qui dépassent des coussinets. N'allez pas entre les coussinets avec les ciseaux et orientez-les toujours vers l'extérieur de la patte 3 4.

Les poils trop longs peuvent recouvrir les coussinets et former un amas de corps étranger.
C'est pourquoi il est nécessaire de couper les poils superflus.
Évitez d'utiliser des ciseaux droits, car vous risqueriez de couper votre chien. Si votre chien est trop agité ou si vous ne vous sentez pas à l'aise, laissez cette tâche au toiletteur.
Après chaque sortie, trempez les pattes de votre chien dans une petite bassine d'eau tiède. Cela permettra d'éliminer tous les corps étrangers. Prenez soin de **bien sécher** les coussinets et espaces interdigitaux à l'aide d'une serviette absorbante afin d'éviter la macération.

LE SOIN DES COUSSINETS

En cas de température négative, de neige, de verglas, de salage des routes, les coussinets peuvent devenir très secs, voire se crevasser. Pour éviter cela, il existe des **baumes réparateurs et protecteurs** disponibles en animalerie et en pharmacie vétérinaire. Appliquez-en après chaque sortie, après avoir bien sûr rincé et séché les pattes de votre chien.
En cas de chaleur estivale et de contact avec de l'eau de mer ou de piscine, les coussinets peuvent présenter des rougeurs et des irritations. **Rincez abondamment** les pattes de votre chien. Évitez à tout prix la marche sur un sol non ombragé aux heures les plus chaudes.
Enfin, si votre chien a des coussinets fragiles et très sensibles, il existe des **lotions fortifiantes** qui les renforcent en stimulant la formation de corne.

Dégager la zone anale

Chez les chiens à poils mi-longs et longs, les poils présents autour de la queue et de l'anus favorisent l'apparition de souillures. À l'aide de petits ciseaux à dents crantées, soulevez la queue et coupez avec précaution l'excès de poils au-dessus et en dessous de l'anus (5).

Le pelage du chien

La structure générale du pelage

Comme nos cheveux et nos ongles, le poil de votre chien est majoritairement constitué de kératine, protéine plus ou moins dure et fibreuse. La kératine est également le composant quasi principal des ongles de chiens.
Le poil pousse à partir d'un follicule pileux, sorte de « petit sac » situé dans le derme, comme illustré sur le schéma ci-dessous. Chez le chien, à partir d'un seul follicule pileux poussent plusieurs types de poils : un poil primaire principal, le plus grand visuellement, associé à 2 à 5 poils primaires latéraux plus petits, et, selon la race, jusqu'à environ 20 poils secondaires.

STRUCTURE DU POIL DU CHIEN

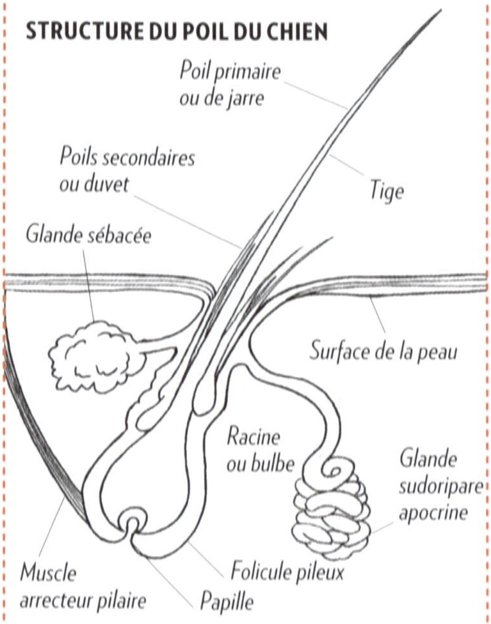

Les différents types de poils chez le chien ont les caractéristiques et les fonctions suivantes :
- **Les poils dits « primaires de jarre » :** grands et rigides, ils recouvrent toute la surface cutanée. Ils sont responsables de la couleur du pelage. Ils protègent contre la pluie.
- **Les poils dits « primaires latéraux » ou « de garde » :** plus souples que le poil de jarre, ils apportent une meilleure isolation thermique, par leur orientation différente de celle du sous-poil.
- **Les poils dits « secondaires » ou les « sous-poils » :** plus fins, plus courts et plus doux, ils maintiennent la température cutanée.
- **Les poils dits « tactiles » à fonction sensorielle :** ce sont les vibrisses (situées sur les paupières, les joues et les lèvres) et les poils tylotriches, disséminés sur l'ensemble du corps et plus grands que les autres. Ces poils très vascularisés jouent un rôle important dans la vie du chien, notamment dans ses déplacements et ses interactions sociales.

Sur chaque follicule pileux s'insère un **muscle arrecteur pilaire**. Lorsqu'il se contracte, il entraîne le hérissement du poil en cas de peur ou d'agression. Lors du redressement du poil, la distance entre la surface des poils et celle de la peau augmente, ce qui permet de réguler la perte de chaleur corporelle. Chez le chien, contrairement à l'homme, la majorité des glandes sébacées et sudoripares sont associées aux follicules pileux et aux poils.
Les **glandes sébacées** produisent le sébum, conférant protection et souplesse à la peau.
Le sébum gaine et lustre la surface des poils.
Les glandes sébacées sont présentes sur tout le corps à l'exception de la truffe et des coussinets.
Le sébum a un rôle de défense vis-à-vis du développement de certains micro-organismes.
Un dysfonctionnement des glandes sébacées

Le pelage des chiens a une structure complexe, avec des spécificités selon le type de poils.

Le pelage du chien le protège du froid.

provoque les phénomènes de séborrhée et de mauvaises odeurs.
Les **glandes sudoripares** sont les glandes de la sueur et de l'odeur. Or, les chiens ne transpirent quasiment pas, mais régulent leur température en haletant. Ces glandes servent à la synthèse de diverses substances odoriférantes et jouent probablement un rôle dans l'identification sexuelle.

À quoi sert le pelage du chien ?

Pour résumer, le pelage du chien et ses annexes (muscles arrecteurs, glandes sébacées et sudoripares) jouent plusieurs rôles :
- **Protection contre l'eau et l'humidité** : grâce aux poils de couverture plus durs ou plus ou moins huileux et à un sous-poil important, voire imperméable.
- **Protection contre le froid, le vent et la chaleur** : grâce un sous-poil plus ou moins épais qui piège l'air et permet de créer une couche d'air isolante et donc une bonne régulation thermique.
- **Protection contre la lumière et les UV** : principalement grâce aux poils primaires de couverture.
- **Organe des sens** : principalement grâce aux vibrisses.
- **Interaction sociale** : grâce aux vibrisses et aux poils tylotriches.

La structure du pelage est très différente selon chaque race et dépend de son origine géographique et de son utilité historique.
Par exemple, les races dédiées au sauvetage en mer présentent un pelage épais et imperméable pour leur permettre de nager en eau froide. Les terriers dédiés à la chasse en campagne ont un poil dur les protégeant des ronces et autres arbustes.

La croissance du poil & le phénomène de mue

La croissance du poil se déroule en trois phases de manière cyclique :
- **La phase de croissance dite « anagène » :** le poil pousse, il est vivant et solidement attaché au follicule. La durée de cette phase détermine la longueur du poil et varie selon la race, de 100 jours environ jusqu'à 550 jours chez certaines races à poils très longs.
- **La phase catagène :** le poil s'arrête de pousser et le bulbe se rétracte progressivement.
- **La phase télogène :** le poil mort maintenu dans le follicule est prêt à tomber.

On parle de « mue » pour décrire les importantes chutes de poils observées chez la majorité des races canines à poils courts et mi-longs. La mue commence en général par l'arrière-train et dure entre 4 à 6 semaines. Il existe deux mues principales dans l'année, en particulier pour les chiens d'extérieur. La mue de printemps permet la constitution d'un pelage d'été moins dense, tandis que celle d'automne conduit à une fourrure d'hiver plus dense.

Les chiens d'intérieur ont tendance à muer davantage tout au long de l'année, car ils sont moins exposés au changement de températures et d'ensoleillement.

Selon le type de poils, nous verrons que la mue est plus ou moins importante et qu'un bon entretien est primordial.

Un chien en pleine mue.

Le pelage du chiot & la découverte du toilettage

LE PELAGE DU CHIOT

Le poil du chiot diffère de celui du chien adulte : il est doux et moelleux. Il n'a qu'une seule couche de poil qui grandit en formant un angle droit, ce qui favorise un maintien au chaud. Lorsque le chiot grandit, l'angle de croissance diminue jusqu'à atteindre 45 degrés.

La première mue arrive en général entre 4 et 6 mois et le pelage définitif est atteint entre 12 et 18 mois selon la race, la période de l'année et la luminosité.

FAMILIARISER AU TOILETTAGE

Il est nécessaire de familiariser le jeune chiot dès le début à être manipulé. Habituez-le à se laisser examiner les coussinets, la zone anale, l'intérieur des oreilles, les yeux et la bouche. Contrôlez ces différentes zones 2 à 3 fois par semaine. À l'âge adulte, le chien consentira ainsi aux divers soins nécessaires (coupe des griffes, nettoyage des yeux, des oreilles et des pattes, brossage des dents).

Il est indispensable, pour les chiots à poils longs et mi-longs, de les habituer à être peignés et brossés régulièrement. En commençant les premières séances sur du poil juvénile très peu emmêlé, le toilettage sera plus facilement accepté par votre chien.

Démarrez par de courtes séances de brossage (2 à 3 minutes) au début, de préférence toujours au même moment de la journée, afin que cela devienne un rituel. Pour savoir comment bien brosser votre chiot, reportez-vous au chapitre correspondant à son type de poil. Récompensez-le et félicitez-le dès qu'il accepte le démêlage, puis

Habituez votre chiot dès son plus jeune âge à être manipulé.

Familiarisez votre chiot au bain dès son plus jeune âge.

à la fin de la séance. Attention: ne le laissez pas prendre de mauvaises habitudes, comme mordiller le peigne ou monter dans vos bras. Le toilettage ne doit pas être considéré comme un jeu, mais comme un moment sérieux. Au début, il est préférable de faire une petite séance tous les jours plutôt qu'une longue séance une fois par semaine.

PREMIER BAIN

Familiariser votre chiot au bain dès 3 mois vous permettra de le laver en toute sérénité lorsqu'il rentrera boueux de promenade. Le chien à poils longs et mi-longs, qui a besoin d'être lavé plus fréquemment, pourra l'être par vos soins si vous lui avez fait découvrir le bain dès son plus jeune âge.

Tout d'abord, lisez les pages 10-16 pour les consignes générales du bain et du séchage.

Pour réaliser le premier bain de votre chiot :

- Utilisez un **shampoing spécial chiot** ou un **shampoing canin pour peaux sensibles** et respectez le mode d'emploi.
- **Vérifiez bien au préalable l'absence de nœuds** dans son pelage. Si votre chiot est tout de même emmêlé, **ne le mettez pas au bain** (voir « démêlage » p. 12). Si vous n'arrivez pas à le démêler malgré tout et que les nœuds sont trop importants, prenez rendez-vous rapidement auprès d'un toiletteur professionnel.
- **Familiarisez votre chiot** en le plaçant dans la baignoire, sans eau, et laissez-le renifler quelques instants. Puis, faites couler doucement l'eau, à distance de votre chiot afin de régler la température, qui doit être tiède.
- **Commencez par mouiller votre chiot à l'arrière du dos** en plaquant le pommeau de douche directement sur sa peau. Ainsi, il ne sera pas

Un bon essorage à la serviette réduit le temps de séchage au sèche-cheveux.

effrayé par la pression de l'eau et le pelage sera correctement mouillé. Continuez ainsi à mouiller l'ensemble de son corps en le félicitant afin de le rassurer. Mouillez la tête doucement en la dirigeant vers le bas avec votre main sur la truffe afin d'éviter que de l'eau y pénètre.

- **Lorsque le pelage est totalement mouillé,** procédez comme expliqué p. 14 en utilisant une noisette de shampoing émulsionné sur une fleur de douche. Commencez par laver la tête (en évitant le contact avec les yeux), le dos, les flancs, les pattes et les pieds. N'oubliez pas le ventre, les intérieurs de pattes, les espaces interstitiels entre chaque doigt et chaque coussinet.
- **Pour les chiots à poils longs,** utilisez plutôt vos mains pour shampooiner le corps en conservant bien la raie du dos afin de ne pas emmêler le poil.
- **Pour le rinçage,** procédez également comme expliqué p. 14, en commençant par la tête, en évitant le contact oculaire. Puis, rincez bien tout le corps, jusqu'à ce que l'eau soit claire. Félicitez-le à la fin du bain !
- **Essorez bien à la main** les pattes et les longueurs pour les poils longs, le chiot toujours dans la baignoire. Ensuite, vous pouvez l'essuyer à l'aide d'une serviette. Prenez garde à ne pas emmêler les poils longs.

LA DÉCOUVERTE DU SÈCHE-CHEVEUX

Vous pouvez ensuite familiariser votre chiot au sèche-cheveux, en particulier s'il a les poils longs ou mi-longs. En effet, pour éviter que des nœuds ne se forment en séchant ou que du sous-poil ne colle à la peau (« feutrage »), il faut procéder *a minima* à un bon séchage du poil.
Pour les conseils d'installation et de sécurité, reportez-vous p. 10.

- Allumez le sèche-cheveux et laissez-le fonctionner quelques instants à distance de votre chiot afin qu'il se familiarise au bruit.
- Procédez d'abord à un séchage global avec de l'air froid. Commencez à sécher l'arrière du dos afin que votre chiot s'habitue à cette sensation. Félicitez-le afin de le rassurer et prenez votre temps.
- Puis, procédez au séchage à l'air chaud selon les étapes décrites dans la partie correspondant à son type de poil.

Familiarisez votre chiot avec le bruit du sèche-cheveux.

LA PREMIÈRE SÉANCE DE TOILETTAGE PROFESSIONNEL

Il est recommandé de faire la première séance de toilettage professionnel vers l'âge de 4 ou 5 mois, période de « socialisation » où les chiots ne prennent pas peur et acceptent très facilement de nombreuses découvertes.

Déjà familiarisé au bain et au sèche-cheveux par vos soins, votre chiot découvrira sans crainte la sensation de la tondeuse sous les coussinets, le bruit des ciseaux autour des yeux et des pattes et le contact avec les séchoirs professionnels, plus

Idéalement, le premier toilettage chez un professionnel doit avoir lieu quand le chiot a 4 ou 5 mois.

puissants que nos sèche-cheveux domestiques. Enfin, une première séance de toilettage vers cet âge-ci a l'avantage de correspondre au début de la première mue, ce qui évitera les risques de nœuds chez les chiens à poils longs.

L'impact de la stérilisation et de l'âge sur le pelage

La stérilisation est en général conseillée par les vétérinaires pour réduire les risques de tumeurs et de maladies à long terme, diminuer l'agressivité et éviter les risques de fugue chez les mâles.
La stérilisation est également réalisée par les refuges et les associations pour éviter les accouplements imprévus et les portées non désirées.
La stérilisation supprime les hormones sexuelles dans l'organisme, qui jouent un rôle sur le cycle pileux. Après la stérilisation, le pelage peut donc être transformé irréversiblement et devenir plus terne, plus laineux, avec un sous-poil plus épais. Mais cela ne concerne pas toutes les races.
Nous verrons dans les parties suivantes que pour chaque type de pelage, la stérilisation impactera plus ou moins la structure de la fourrure et son entretien au quotidien.

Le rôle du toilettage

Tout comme une bonne éducation, une alimentation correcte et une visite régulière chez le vétérinaire, le toilettage fait partie des bons soins que doit apporter chaque humain à son animal.
Un toilettage réalisé par un professionnel (tonte, coupe, démêlage, épilation) est en général obligatoire, sauf pour les poils courts et ras.
Un entretien régulier à la maison est nécessaire entre chaque séance chez le toiletteur : brossage, démêlage, shampoing, mais également contrôle et soin, si nécessaire, des pattes, des yeux et des oreilles.
Plus le pelage est dense et/ou long, plus les séances de toilettage à la maison doivent être fréquentes. Cela espacera d'autant plus les séances de toilettage chez un professionnel.
Un bon toilettage à la maison consiste en priorité à **brosser** et **démêler**, et le bain ne doit être réalisé **que si le chien ne présente plus de nœuds**. Sinon, les poils ne seront pas correctement lavés ni rincés, les résidus de shampoings peuvent provoquer des réactions cutanées et les nœuds vont se resserrer et devenir indémêlables).

Nous verrons dans chaque partie comment vous pourrez procéder correctement à l'entretien de votre chien à la maison selon son pelage.

Il est important de toiletter votre chien entre deux séances de toilettage chez un professionnel, dès son plus jeune âge.

LE TOILETTAGE PAR TYPE DE POILS

Toiletter les poils courts

QUELLES RACES ?
Beagle, boston terrier, bouledogue, boxer, braque, carlin, chihuahua à poils courts, labrador, pinscher, teckel à poil ras...

Le pelage

Chez ces races, les poils primaires sont de très courte taille, très près du corps et doublés d'un sous-poil plus ou moins important.
Leur mue est extrêmement marquée et visible car le poil mort tombe facilement.
Cette chute de poils semble quasi constante lorsque ces chiens vivent dans nos intérieurs.
Leurs poils morts se retrouvent partout sur les vêtements et les tissus de nos logements (canapés, couverture, tapis, moquette...).
Chez ces races, la stérilisation a en général très peu d'impact sur la qualité des poils.

Que fera le professionnel ?

Le toilettage en salon professionnel est très efficace pour faire tomber une très grande quantité de poils morts: lors du bain, l'eau tiède va « ouvrir » les follicules pileux facilitant la chute de poils morts.
Après le bain, les séchoirs professionnels envoyant de l'air sous haute pression vont décrocher une grande quantité des poils prêts à tomber.

Les poils morts des chiens à poils courts se retrouvent partout : vêtements, canapé...

CHANDLER,
CHIHUAHUA

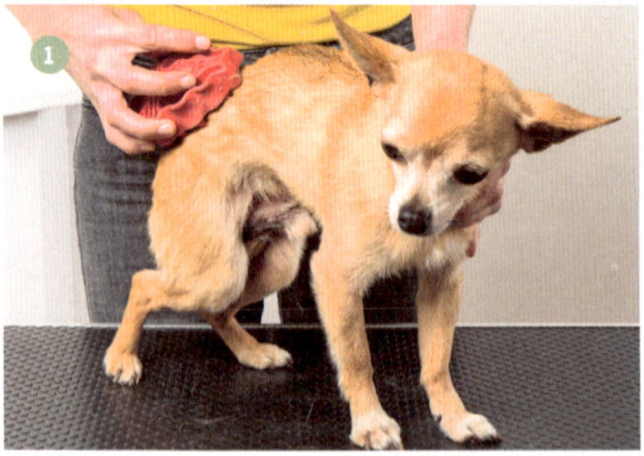

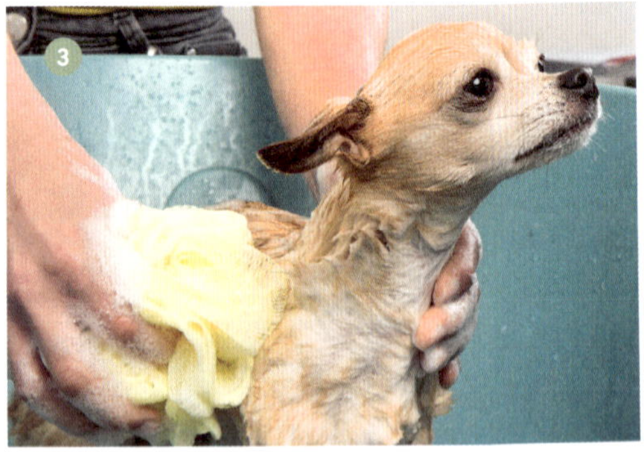

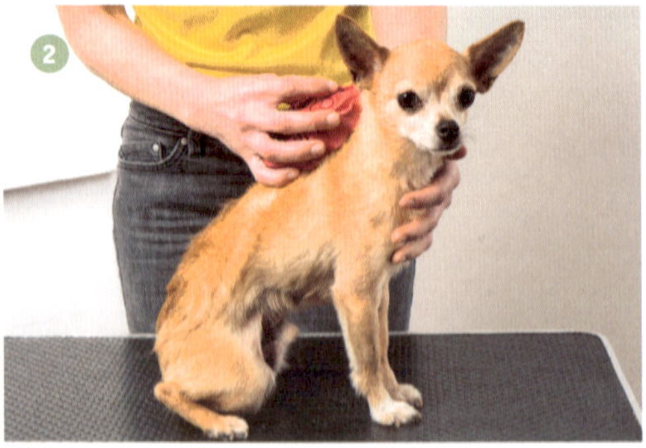

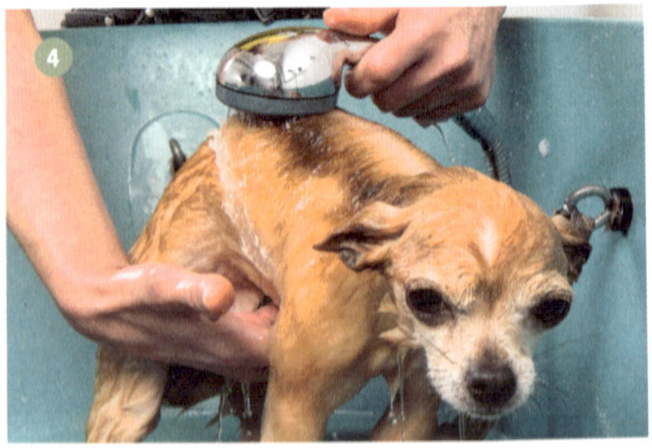

À la maison

Le pelage de ces chiens est court et facile d'entretien. Vous pouvez réaliser facilement à la maison un bon toilettage avec un gommage avant et après le bain.

Gommage des poils morts

Fréquence
Ce gommage est à réaliser **toutes les semaines**, cela éliminera une grande partie des poils morts. Réalisez également ce gommage avant chaque bain.

Matériel nécessaire
Une brosse ou un gant en caoutchouc.

Déroulement
- Installez votre chien sur le plan de travail dédié à son toilettage.
- Brossez-le pendant une bonne dizaine de minutes en réalisant des mouvements circulaires sur l'ensemble de son corps, en insistant sur l'encolure et l'arrière-train. De nombreux poils morts vont tomber. 1 2

Bain

Fréquence
1 fois par mois à 1 fois tous les 3 mois selon son mode de vie (milieu urbain pollué ou pas, sorties plus ou moins fréquentes, terrain de campagne sec ou plutôt boueux...).

Produits cosmétiques nécessaires
Un **shampoing canin universel** ou bien un **shampoing adapté à sa couleur** (blanc, noir...) ou encore un **shampoing spécifique à son poil** (antipelliculaire par ex., pour certaines races, comme le carlin

ou le bouledogue, qui présentent souvent des pellicules). N'utilisez pas d'après-shampoing.

Déroulement

Après avoir réalisé le gommage, procédez au bain en suivant les consignes de la p. 13, ainsi que celles ci-dessous :

- Réalisez des mouvements circulaires pour shampooiner votre chien. 3
- Procédez au rinçage en suivant les consignes de la p. 14. 4

Séchage

Bien que les poils soient courts, le séchage peut être assez long sur ces races de chiens.

Essorage

Comme décrit p. 16, essorez bien tout le corps à l'aide d'une serviette absorbante et insistez sur les pattes. 5

Séchage à l'air froid

Procédez à un rapide séchage à l'air froid sur tout le corps, à vitesse élevée si possible. 6

Séchage à l'air chaud

Procédez ensuite à un séchage à chaud, à vitesse élevée si possible. Orientez avec rapidité votre sèche-cheveux dans toutes les directions et notamment à rebrousse-poil en écartant bien les poils à l'aide de votre main, afin de permettre à l'air chaud de pénétrer jusqu'à la peau.
Après le séchage, vous pouvez de nouveau passer la brosse en caoutchouc pendant quelques minutes pour faire tomber les poils morts.

Toiletter les poils durs

QUELLES RACES ?
Une grande majorité de terriers (airedale, border, cairn, jack russel à poils dur, lakeland, norfolk, norwich, scottish, welsh, westie).
Les teckels à poils durs.
Les schnauzers.
Certains griffons.

Le pelage

Ces races sont appelées à poils « durs » car leurs poils primaires sont très rêches au toucher et particulièrement résistants aux intempéries. Ils ont la particularité de « rester accrochés » lorsqu'ils sont morts. Sous ces poils durs se trouve un sous-poil fin, court et doux, comme le montre la photo ci-dessous. Chez ces races, le poil primaire tombe environ tous les 3 mois.
Jadis, dans la nature, les terriers se débarrassaient naturellement de leurs poils morts grâce aux divers buissons, feuillages et arbustes. Aujourd'hui, c'est le toiletteur qui va permettre un bon renouvellement du pelage.
Chez ces races, la stérilisation modifie de façon définitive le pelage. Le toilettage ne sera pas le même selon que le chien est stérilisé ou pas, comme l'explique le paragraphe ci-contre.

Le sous-poil, sous le poil dur, est fin et doux.

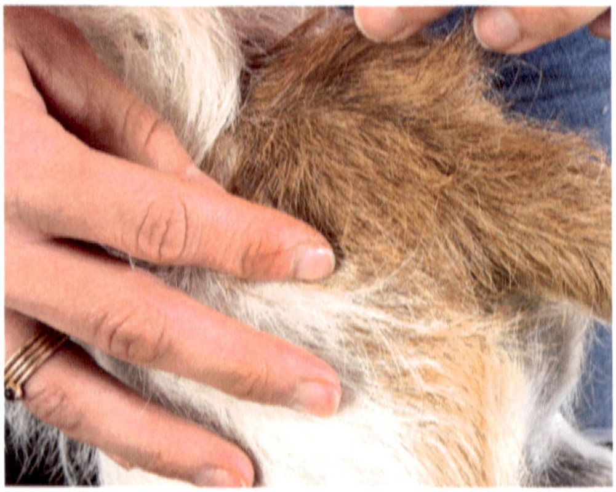

Que fera le professionnel ?

Le toilettage standard de ces races est appelé **« épilation »**. L'épilation n'est pas douloureuse, elle consiste à enlever le poil primaire dur lorsqu'il est mort uniquement, pour laisser pousser le nouveau poil. Elle reproduit donc de manière uniforme ce que le chien faisait naturellement dans la nature.
La fréquence idéale pour ce toilettage est de tous les 3 mois environ, mais cela peut varier en fonction de chaque chien (race, âge, etc.).
Le poil dur ne doit pas être tondu ni coupé, car cela entraîne une dénaturation quasiment définitive du pelage. La tonte va favoriser la pousse du sous-poil, les poils durs vont finir par disparaître et la fourrure sera dense, terne et bouclée. L'épilation ne sera plus possible.
Cependant, si le chien est stérilisé, son poil dur va progressivement devenir mou, fin et laineux. Le poil n'arrivera plus à se détacher du bulbe, l'épilation deviendra douloureuse et ne sera plus possible. Le toiletteur devra dans ce cas utiliser la tondeuse et les ciseaux.
Entre deux séances de toilettage, voici comment entretenir à la maison les chiens à poils durs.

ROCKY,
JACK
RUSSELL

À la maison

Séance de brossage et démêlage

Fréquence

Ce brossage est à réaliser **une fois par semaine** et également **avant le bain**. Il permet d'éliminer les saletés, les branches ou feuilles souvent emprisonnées sur les pattes et le ventre, ainsi que de nombreux poils morts.

Matériel nécessaire

Un peigne à dents larges ; une carde rigide à picots durs ; un spray démêlant.

Déroulement

- Installez votre chien sur le plan de travail dédié à son toilettage.
- Pulvérisez un peu de démêlant et munissez-vous du peigne à dents larges. Dès que le peigne rencontre un nœud, procédez au démêlage à l'aide de la carde, en suivant les consignes générales (pp. 18-19).
- Brossez les **pattes avant** en commençant par les poils du bas, puis remontez raie par raie jusqu'au haut de la patte. Procédez ainsi en saisissant la patte vers l'avant. N'oubliez pas les intérieurs. 1 2
- Brossez ensuite les **pattes arrière** en commençant par les poils du bas, jusqu'au haut de la patte. Procédez ainsi en saisissant la patte arrière à la base de la hanche. N'oubliez pas les intérieurs. 3
- Brossez **l'arrière-train.** Soulevez les poils et brossez en remontant le long de chaque patte. 4
- Brossez les **flancs** en commençant par les poils du bas. Poursuivez le brossage en remontant jusqu'aux poils du dos. 5
- Brossez les poils sous le **ventre**. Saisissez votre chien par les deux pattes avant pour le mettre debout. Brossez les poils en partant du bas du ventre, puis remontez jusqu'aux aisselles.
- Brossez ensuite la **queue** en faisant une raie. Brossez à gauche de la raie, à droite de la raie, puis soulevez la queue pour brosser le dessous.
- Brossez ensuite **l'encolure** en commençant à nouveau par les poils du dessous, puis remontez jusqu'au cou.
- Brossez les poils de **la tête** et de derrière les oreilles, le museau et les sourcils.

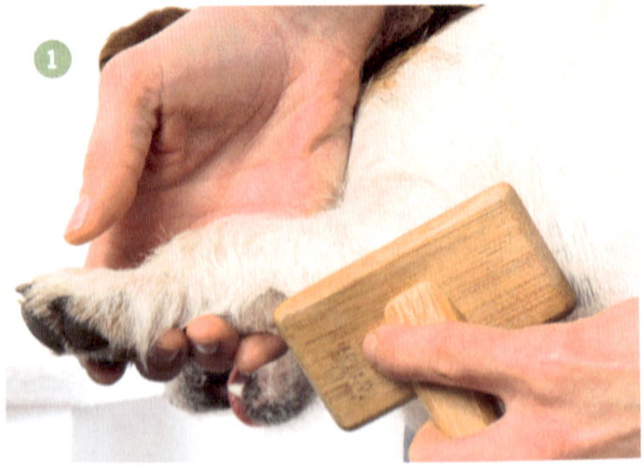

3

4

5

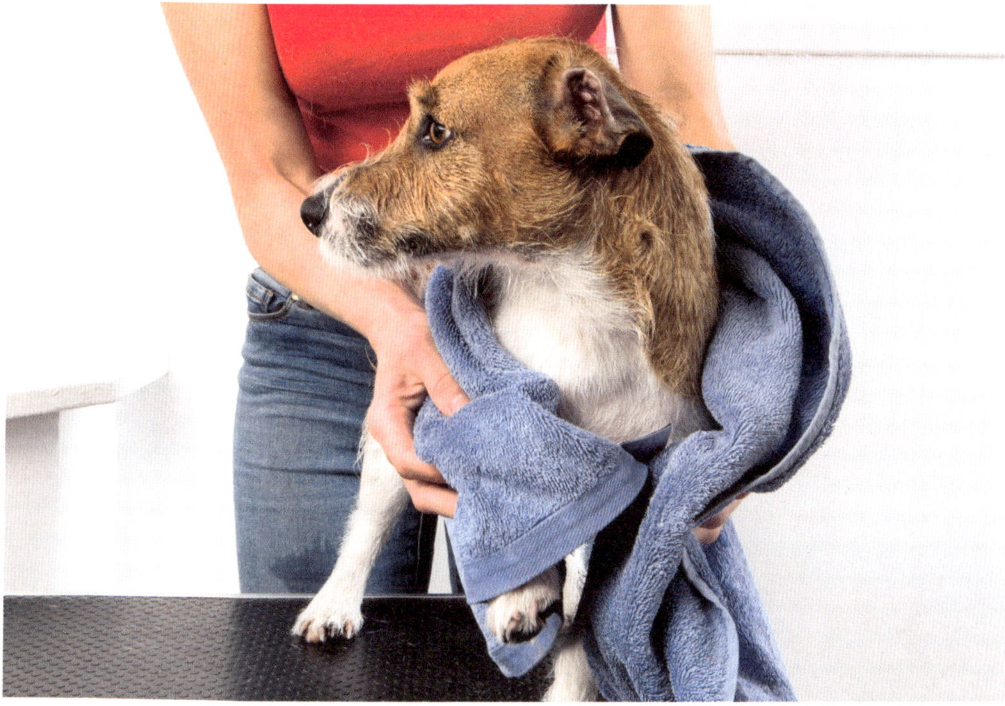

Bain

Fréquence

1 fois par mois à **1 fois tous les 3 mois**, selon son mode de vie (pollution, fréquences des sorties, terrain de campagne sec ou boueux...).
Si vous souhaitez conserver un poil dur, ne lavez pas votre chien plus de 4 fois par an.
Si votre chien est régulièrement épilé chez le toiletteur, ne le lavez pas 2 semaines avant l'épilation.

Produits cosmétiques nécessaires

Un **shampoing canin universel** ou un **shampoing spécifique poils durs**. N'utilisez pas d'après-shampoing.

Déroulement

Après l'avoir brossé et démêlé, procédez au bain en suivant les consignes spécifiques ci-contre :

- Insérez bien vos mains dans le pelage au niveau des zones épaisses (culotte, franges).
- Lavez et shampooinez en respectant le sens du poil, afin d'éviter la formation de nœuds.
- Rincez en suivant les consignes p. 14.

Lors du bain, de nombreux poils morts vont tomber.

Séchage

Essorage

Comme décrit p. 16, procédez à un bon essorage en insistant bien sur les pattes, la queue et l'arrière-train.

Séchage à l'air froid

Commencez par un séchage global à l'air froid sur l'ensemble du corps pendant quelques minutes afin d'éliminer un maximum d'humidité, à vitesse élevée si possible.

Séchage à l'air chaud

- Orientez le sèche-cheveux en hauteur et dans le sens du poil pour éviter la formation de nœuds. Ne séchez pas à rebrousse-poil. Utilisez le sèche-cheveux à vitesse assez élevée si possible. Les poils étant assez raides et durs, ils ne s'emmêlent pas facilement.
- Commencez par sécher le **dos** (1), en plaçant le sèche-cheveux au-dessus de votre chien.
- Séchez ensuite les **flancs** (2), l'**arrière-train** (3) et les **pattes** (4). Le sèche-cheveux doit être toujours légèrement en hauteur de votre chien, à environ 20 cm.
- Séchez le **ventre** (5) et les **intérieurs de pattes** (6) en dirigeant le sèche-cheveux vers cette zone.
- Séchez le **poitrail** (7) puis la **tête** (8).
- Après le séchage, brossez à l'aide d'une **carde souple** l'ensemble du corps.
- Enfin, passez un peigne à dents serrées sur l'ensemble du corps, afin de vérifier l'absence de nœuds.

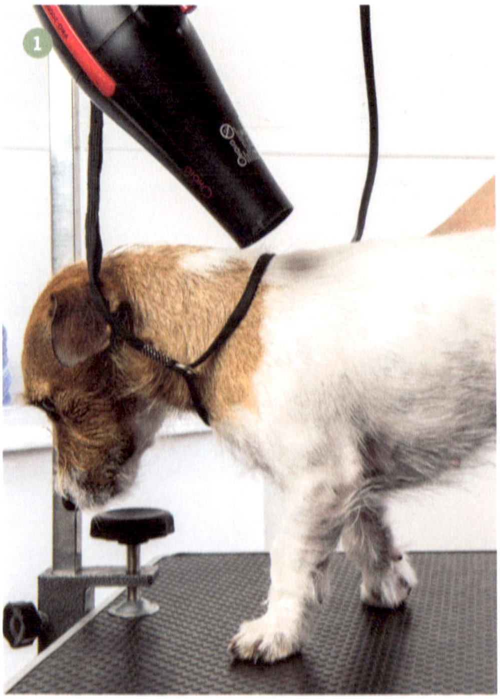

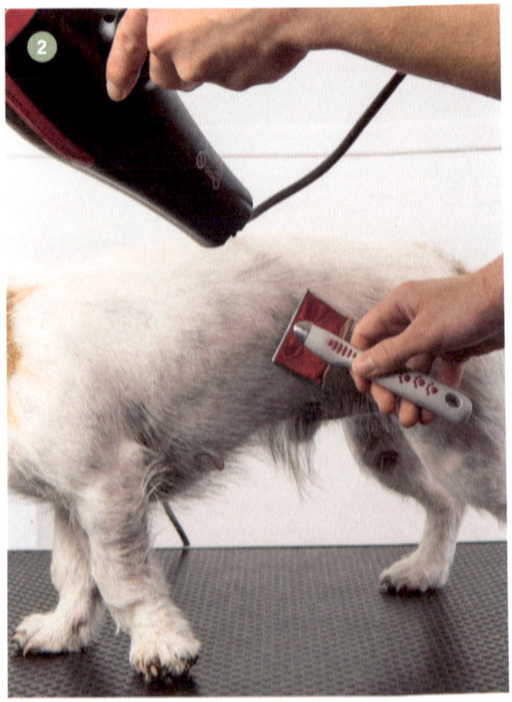

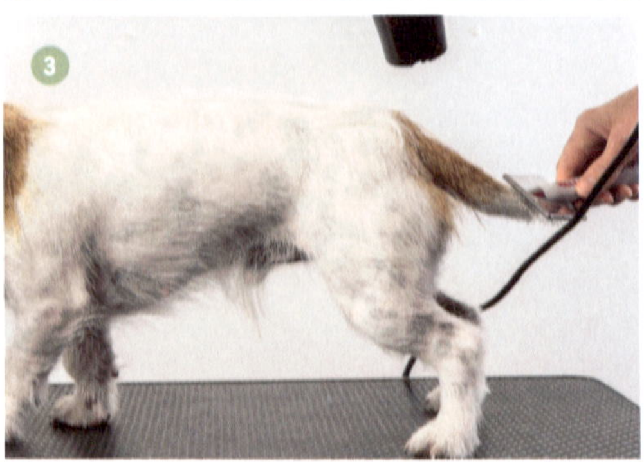

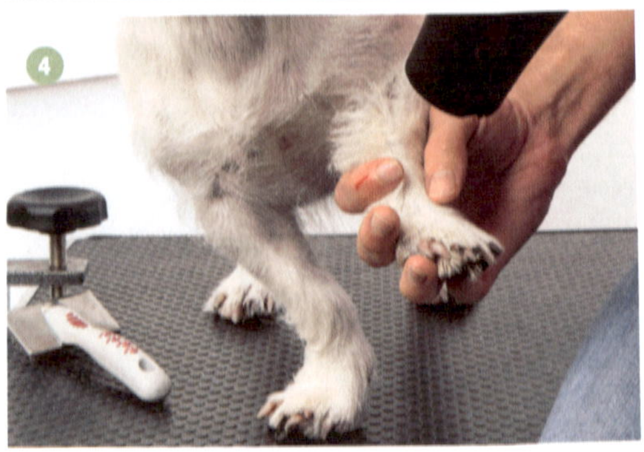

5

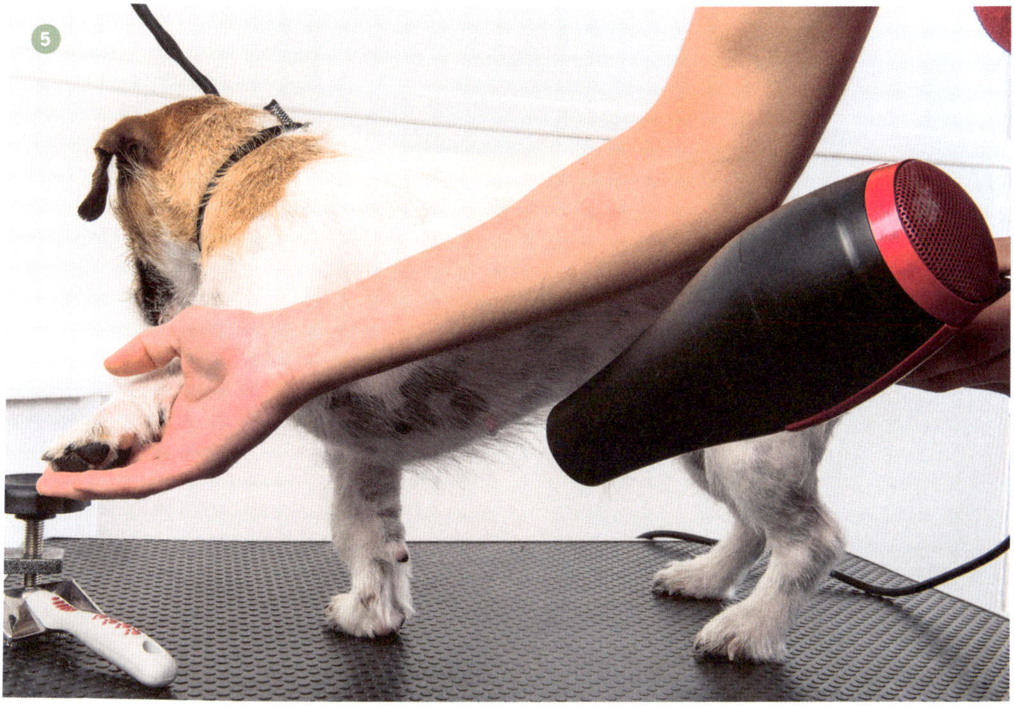

6

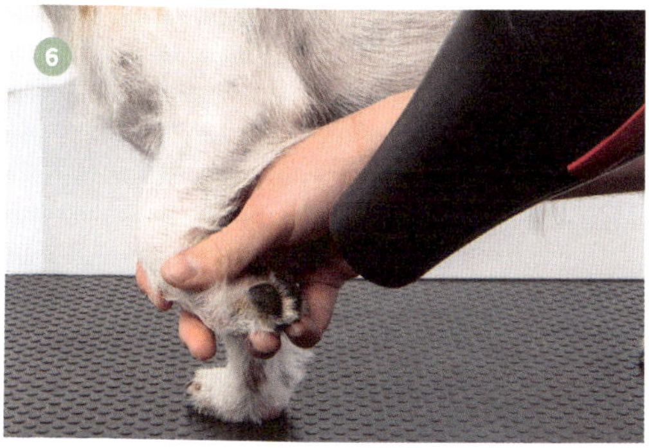

7

8

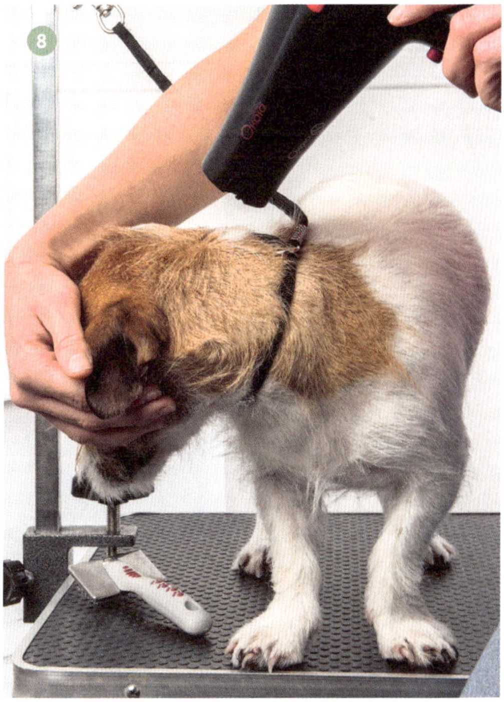

Toiletter les poils laineux

QUELLES RACES ?
Principalement bichon frisé, caniche, chien d'eau irlandais, barbet (l'ancêtre du caniche)

Le pelage

Les races à poils laineux ont pour caractéristique d'avoir un poil qui tombe très peu et ne sont pas sujettes au phénomène de mue.
Le sous-poil est très peu présent comme le montre la photo ci-dessous. Selon la race, le poil doux est en général bouclé, frisé, ondulé ou raide.
La stérilisation a en général très peu d'impact sur la qualité des poils.

Que fera le professionnel ?

Les poils laineux doivent être coupés régulièrement par un toiletteur professionnel.
Après un shampoing adapté et un brushing méticuleux, qui va lisser le poil et éliminer totalement les boules de nœuds, le toiletteur réalise en général **une tonte ou une coupe aux ciseaux**.
Entre deux toilettages, brossez-le minutieusement et régulièrement afin d'éviter la formation de boules de nœuds, très fréquentes sur ce type de poils.

Il n'y a presque pas de sous-poil sous les poils laineux.

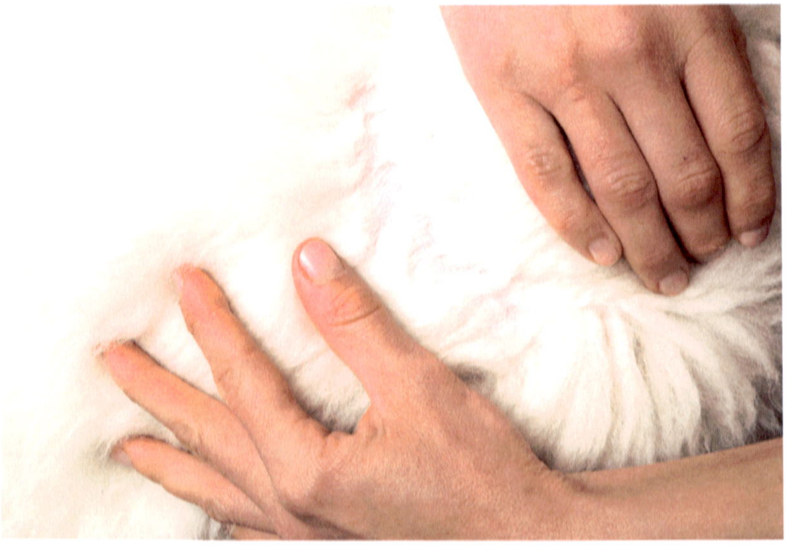

RUSSELL,
BICHON
FRISÉ

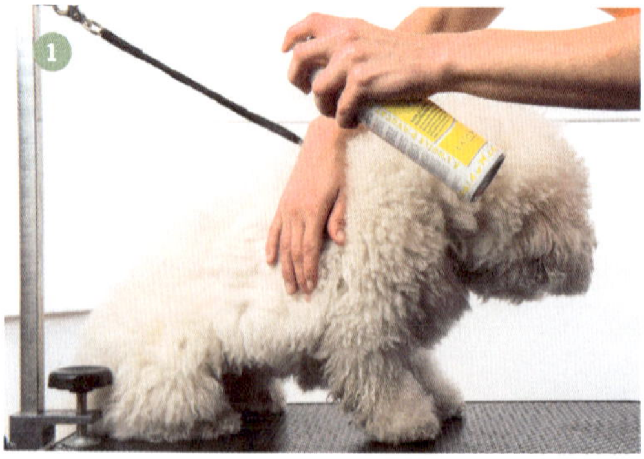

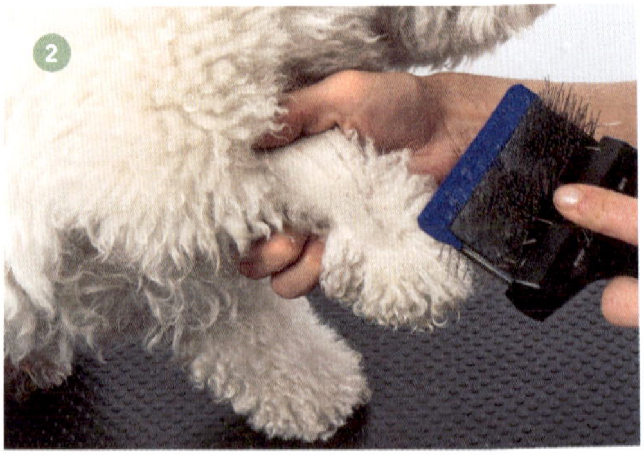

À la maison

Séance de brossage et démêlage

La fréquence

2 à 3 fois par semaine et **avant le bain.**

Le matériel nécessaire

Un peigne à dents larges ; une carde rigide à picots durs ; un spray démêlant.

Le déroulement

- Installez votre chien sur le plan de travail dédié au toilettage.
- Pulvérisez un peu de démêlant et munissez-vous du peigne à dents larges (1).
- Dès que le peigne rencontre un nœud, démêlez à l'aide de la carde (voir p. 18).
- Les poils laineux s'emmêlent à la racine. Brossez toujours **à partir à la base du poil. La peau doit être apparente.**
- Brossez les **pattes avant** (2) (3) en commençant par les poils du bas, puis remontez raie par raie jusqu'au haut de la patte. Procédez ainsi en saisissant la patte avant vers vous (et non sur le côté). N'oubliez pas les intérieurs.
- Brossez les **pattes arrière** de la même façon. Saisissez la patte pour la tendre vers l'arrière ou vers l'avant du chien (et non sur le côté) et brossez en commençant par les poils du bas (4).
- Brossez **les flancs** (5) et le **dos** (6) : commencez par brosser les poils du bas et remontez vers les poils du dessus jusqu'à arriver aux poils du dos.
- Brossez les **aisselles** (7).
- Brossez le **ventre** (8). Saisissez les deux pattes avant dans vos mains pour lever votre chien sur ses deux pattes arrière.

5

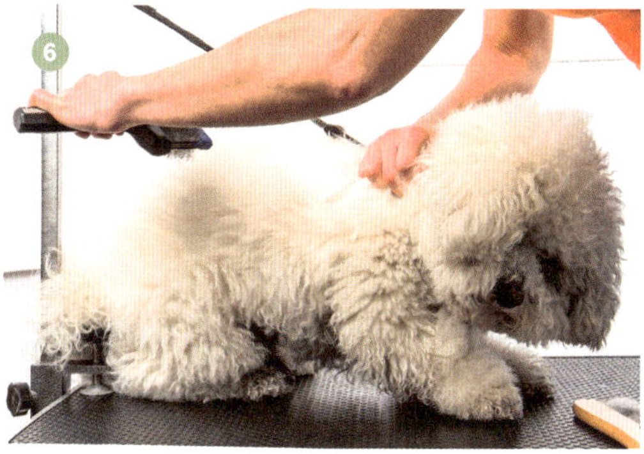
6

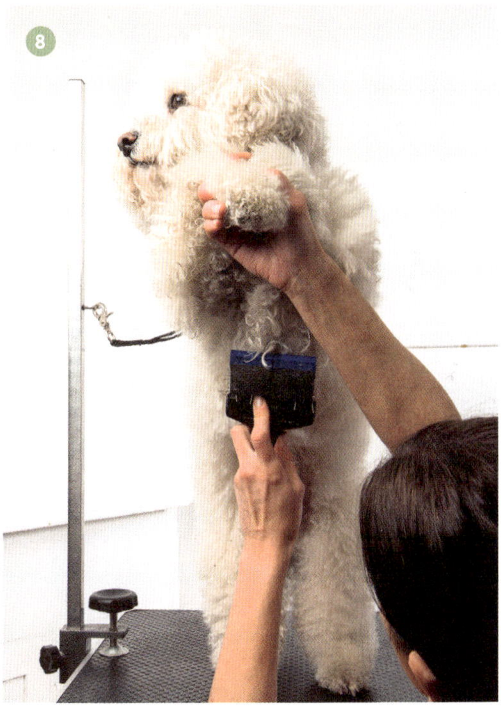
8

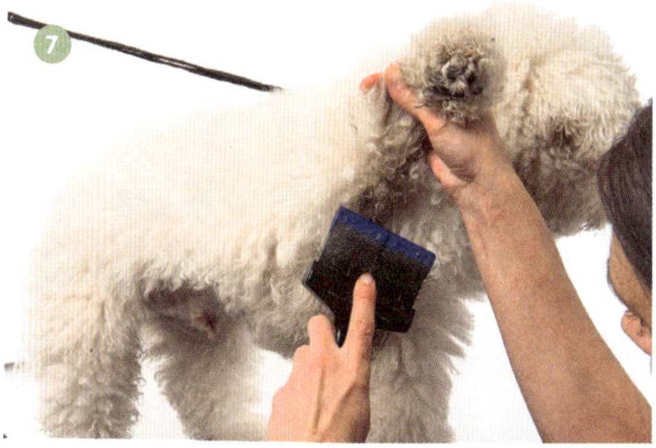
7

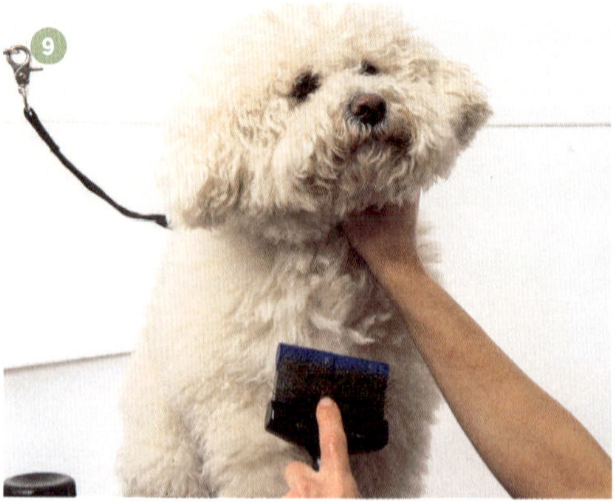

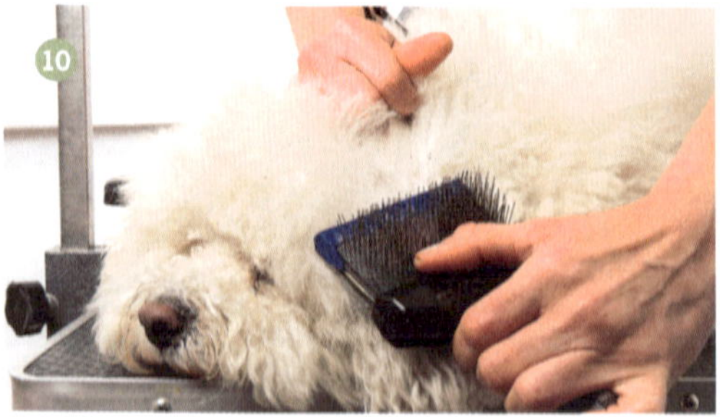

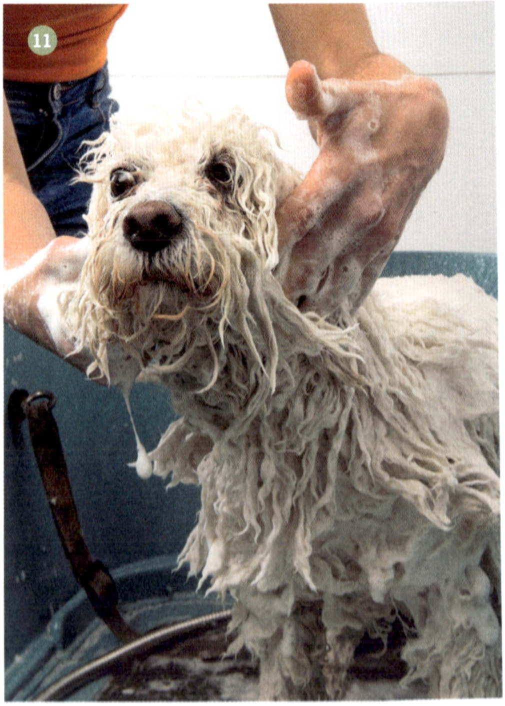

- Brossez l'**encolure** 9 : tenez le museau et penchez légèrement la tête du chien vers l'arrière pour tendre la peau.
- Brossez la **tête** 10 : tenez votre chien et brossez en prenant garde à ne pas blesser les yeux.

Bain

La fréquence

1 fois toutes les 2 semaines à 1 fois toutes les 6 semaines, selon son mode de vie (pollution, fréquences des sorties, terrain sec ou boueux…).

Les produits cosmétiques nécessaires

- Un **shampoing canin universel** ou **adapté à sa couleur** (blanc, noir, abricot…).
- Un **shampoing volumateur** peut également convenir selon si cela met en valeur sa coupe.
- Un **après-shampoing** pour renforcer et gainer le poil, souvent fin et fragile.

Le déroulement

Procédez au bain en suivant les consignes pp. 13 à 15 après avoir brossé et démêlé les nœuds.
- Lavez votre chien en insérant bien vos doigts dans le pelage et respectez bien le sens du poil 11. Ne faites pas de mouvements circulaires, cela créerait des nœuds.
- Si les poils de votre chien ont déjà une certaine longueur, utilisez plutôt vos mains pour shampooiner le corps afin de ne pas emmêler le poil.
- Rincez en suivant les consignes p. 16.
- Appliquez ensuite l'après-shampoing selon les indications de l'emballage. Si vous avez appliqué avant un shampoing volumateur, mettez moins d'après-shampoing, sinon l'effet sera moindre.
- Procédez au rinçage final en suivant les consignes p. 16.

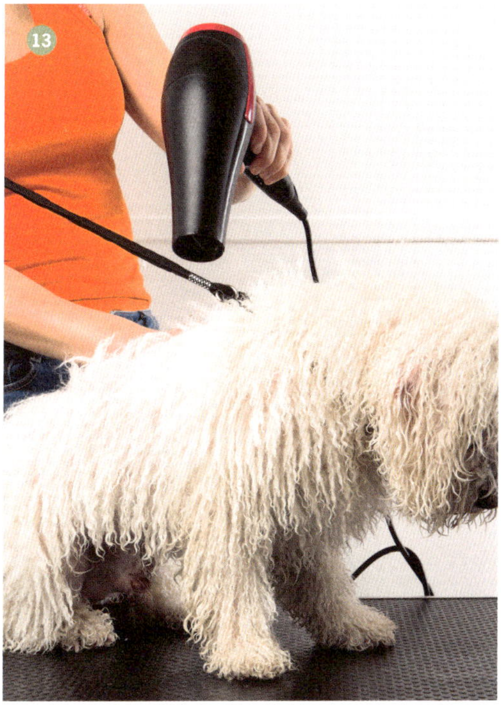

Séchage

L'essorage

Essorez bien. Ne frottez pas trop fort avec la serviette au risque d'emmêler les poils (12).

Le séchage à l'air froid

Séchez à l'air froid l'ensemble du corps à **puissance maximale** pendant quelques minutes.

Le séchage à l'air chaud

- Orientez le **sèche-cheveux perpendiculairement et à la hauteur de la zone concernée pour « ouvrir » la fourrure** (13). Avec votre 2e main, brossez la zone concernée dans tous les sens et à rebrousse-poil avec une carde jusqu'à ce que les poils soient secs. Le poil brossé va gonfler et se lisser, en enlevant parfois quelques poils morts.
- Si votre chien bouge beaucoup ou qu'il vous est difficile de manier la carde et le sèche-cheveux en même temps, **faites-vous aider d'une 2e personne** qui mobilisera le chien ou qui tiendra le sèche-cheveux.
- Commencez par le **dos** (14) : munissez-vous de la carde d'une main et de l'autre main, orientez le sèche-cheveux au-dessus du dos pour « **ouvrir** » **la fourrure**. Brossez jusqu'à ce que le poil soit lisse et sec.

- Procédez de même en descendant vers les **flancs** 15, l'**arrière-train** 16 et l'**encolure** 17. Orientez le sèche-cheveux perpendiculairement et à la hauteur de la zone concernée pour « ouvrir » la fourrure et brossez du bas vers le haut. Réduisez la puissance du sèche-cheveux si cela gêne votre chien.

- Séchez ensuite les **pattes** 18 du haut vers le bas de la patte.

- Séchez le **ventre** 19 et les **intérieurs** en soulevant chaque patte simultanément, ou les deux pattes avant si son poids le permet.
Brossez, puis séchez alternativement ou bien faites-vous aider d'une 2e personne pour tenir le sèche-cheveux ou mobiliser le chien. Si votre chien est habitué à se coucher, donnez-lui l'ordre et vous pourrez procéder seul au séchage et au brossage au niveau du ventre et des intérieurs.

- Séchez les **oreilles** et la **tête** 20 après avoir réduit la puissance. Tenez le museau en lui protégeant les yeux et brossez les poils au niveau des oreilles.

- Après le séchage, passez un peigne à dents serrées sur l'ensemble du corps afin de vérifier l'absence de nœuds.

15
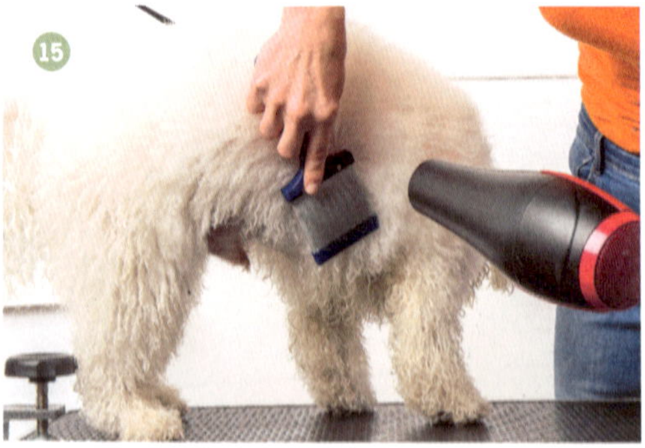

16

17

18

19

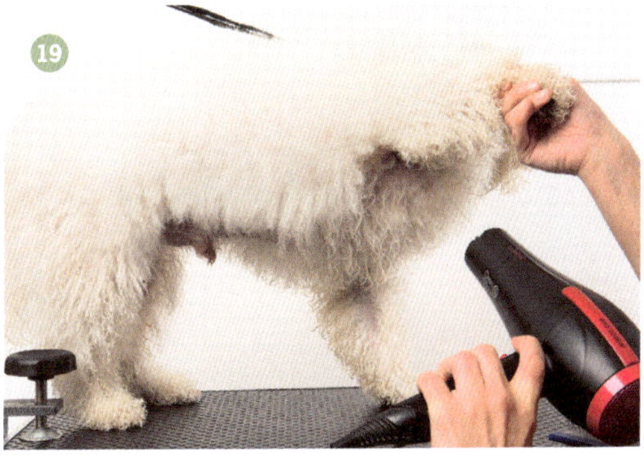

20

Toiletter les poils longs

QUELLES RACES ?
Bichon maltais, bobtail, briard, lévrier afghan, lhassa apso, shih tzu, silky terrier, terrier tibétain, yorkshire...

Le pelage

Ces races de chiens présentent des poils longs, fins, soyeux naturellement et retombant sur l'ensemble du corps.
La structure de leur pelage est semblable à celles des cheveux humains, car la phase de croissance « anagène » du poil dure très longtemps, le sous-poil est quasiment inexistant et il n'y a pas de mue.
Chez certaines races, comme le lévrier afghan, le lhassa apso et le shih tzu, la stérilisation épaissit et densifie le poil, qui sera donc plus difficile à entretenir et à démêler – les poils morts ont tendance à « feutrer » en restant collés à la peau.
Par contre, chez le yorkshire ou le skye terrier, la stérilisation a en général peu d'impact sur la qualité des poils.

Que fera le professionnel ?

Le toilettage standard de ces races est de laisser au poil sa longueur naturelle sur l'ensemble du corps.
Dans ce cas, vous devrez brosser quasi quotidiennement votre chien et le confier à un professionnel tous les mois.
Chez le toiletteur professionnel, si vous optez pour une tonte ou une coupe aux ciseaux (plus pratique au quotidien), vous devrez aussi brosser votre chien minutieusement et régulièrement pour éviter la formation de boules de nœuds.

Les poils longs d'Haribo, shih tzu, ont une structure proche de celle des cheveux humains.

HARIBO, SHIH TZU

avant toilettage maison

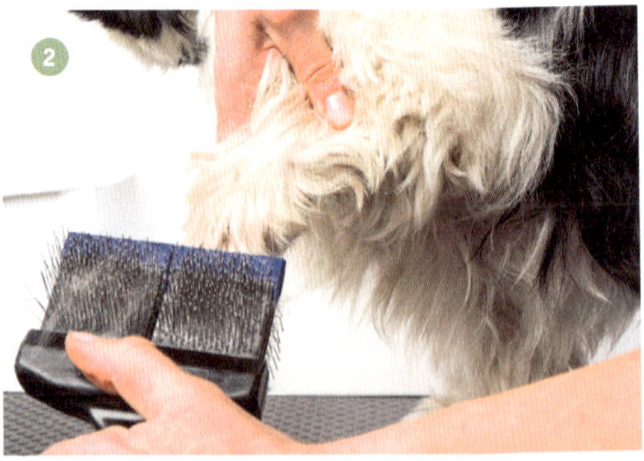

À la maison

Séance de brossage et démêlage

Fréquence

Minimum 3 fois par semaine ; quotidiennement si votre chien a les poils très longs et **impérativement avant le bain.** Sinon, des nœuds vont rapidement se former et deviendront très difficiles à démêler.

Matériel nécessaire

Un peigne à dents larges ; une carde rigide à picots durs ; un spray démêlant.

Déroulement

- Installez votre chien sur le plan de travail.
- Pulvérisez un peu de démêlant 1 et munissez-vous du peigne à dents larges. Dès que le peigne rencontre un nœud, démêler à l'aide de la carde, en suivant les consignes générales (pp. 18-19).
- Brossez les **pattes avant** en commençant par les poils du bas 2, puis remontez raie par raie jusqu'en haut de la patte 3. Saisissez la patte avant vers vous (non sur le côté). N'oubliez pas les intérieurs 4.
- Pour les **pattes arrière** : saisissez la patte vers l'arrière (non sur le côté) et dégagez les poils en commençant par ceux du bas. N'oubliez pas les intérieurs 5.
- Brossez les **flancs** : relevez les poils à l'aide de votre main libre et commencez par les poils du bas. Remontez raie par raie vers les poils du dessus jusqu'à arriver à la ligne du dos.
- Brossez l'**encolure** 6 et l'**arrière-train** de la même façon.
- Pour la **tête** 7 : tenez votre chien par le bas du museau et brossez en prenant garde à ne pas lui blesser les yeux.

4

5

6

7

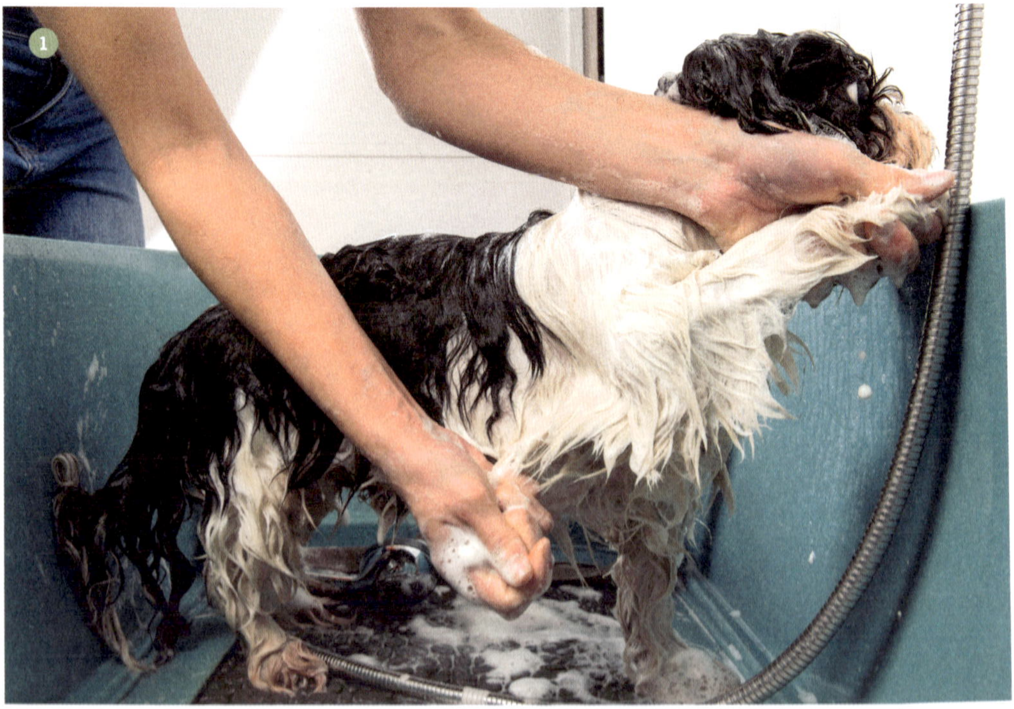
1

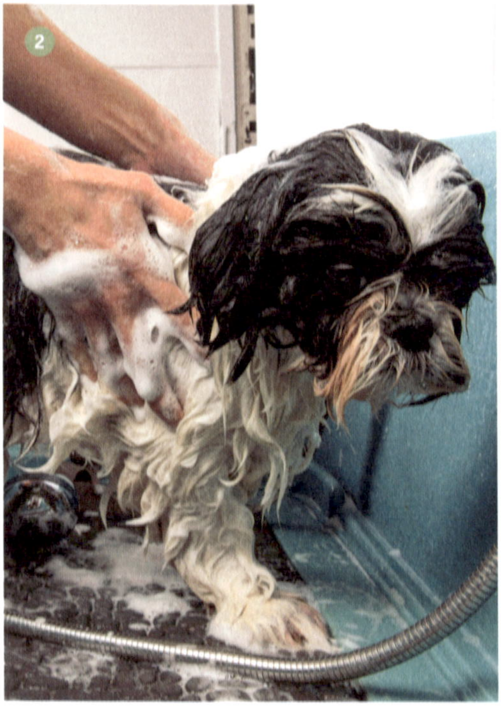
2

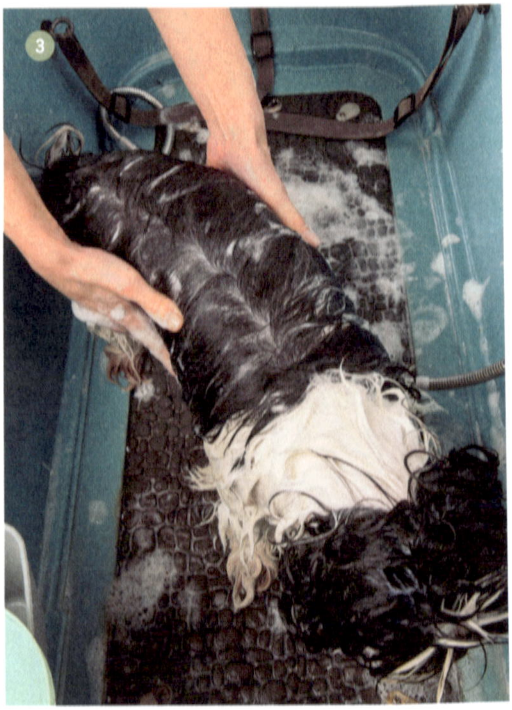
3

Bain

Fréquence

1 fois toutes les 2 semaines à tous les 2 mois, selon son mode de vie (pollution, fréquence des sorties, terrain sec ou boueux…).

Produits cosmétiques nécessaires

- Un **shampoing spécifique poils longs**, qui lave le poil sans le dessécher ni l'abîmer.
- Un **après-shampoing**. Il apportera un effet plombant et évitera que le poil devienne électrostatique au moment du séchage. Si les poils sont secs et abîmés, choisissez un **après-shampoing aux propriétés nourrissantes et protectrices**.

Déroulement

Après avoir réalisé la séance de brossage et de démêlage, procédez au bain en suivant ces consignes :

- Mouillez et shampooinez votre chien en insérant bien vos doigts dans le pelage depuis la base de la peau vers les longueurs, ce qui respecte le sens du poil 1 2. **Ne pas faire de mouvements circulaires**, ce qui créerait des nœuds.
- **N'utilisez pas de fleur de douche** mais uniquement vos mains, vous risqueriez d'emmêler les poils.
- **Conservez toujours la raie du dos** afin de ne pas emmêler le poil 3.
- Rincez en suivant les consignes (p. 14).
- Appliquez ensuite l'après-shampoing selon les indications de l'emballage.
- Rincez une seconde fois.
- Rincez en insérant vos doigts dans le pelage, depuis la base de la peau vers les longueurs. Conservez bien la raie du dos.

ATTENTION !
Assurez-vous d'être en mesure de réaliser le séchage à l'aide d'une carde. Elle requiert une certaine habilité ou bien l'aide d'une 2e personne. Sinon, procédez à un brossage quotidien et confiez le bain à un toiletteur professionnel. Si vous le lavez sans réaliser ce séchage technique, des nœuds vont se former très rapidement.

Séchage

Essorage

Essorez bien (voir p. 16). Insistez bien sur les longueurs en frottant doucement dans le sens du poil afin de ne pas créer de nœuds 4.

Séchage à l'air froid

Commencez par un séchage global à l'air froid de l'ensemble du corps à la puissance minimale pendant quelques minutes afin d'éliminer un maximum d'humidité.

4

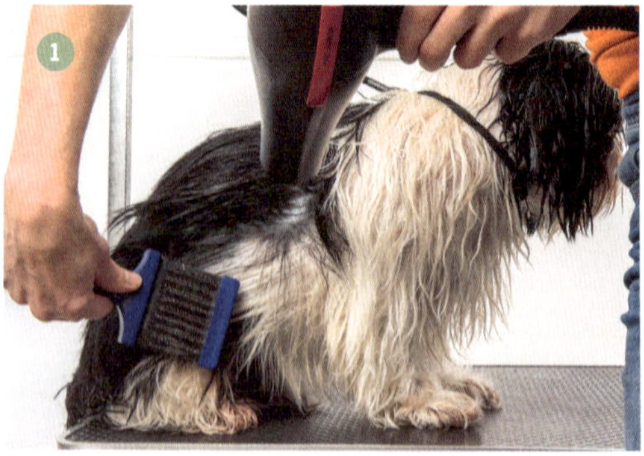

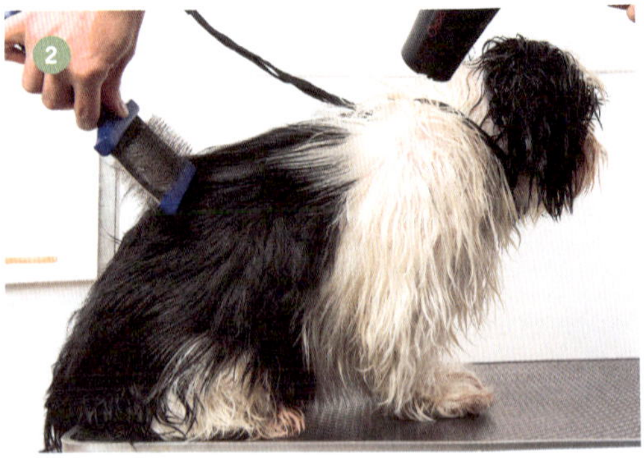

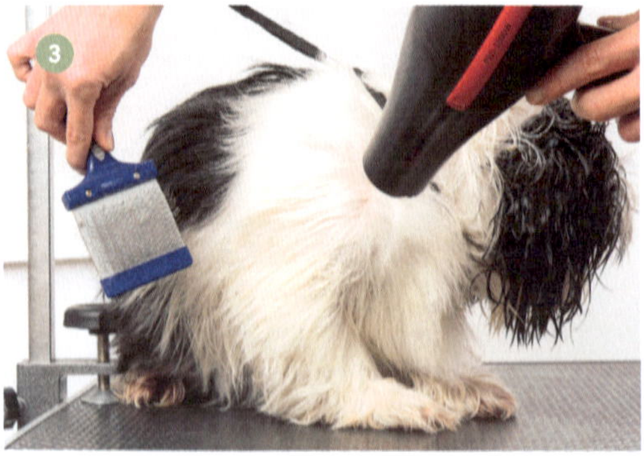

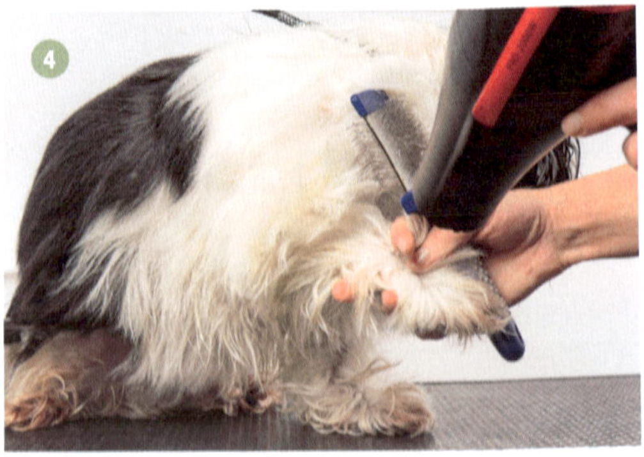

Séchage à l'air chaud

Orientez le sèche-cheveux en restant à hauteur de la zone concernée et **dans le sens du poil**. Avec votre 2e main, brossez les poils de la zone concernée à l'aide d'une carde souple à picots assez longs. **Si les poils sont très longs** et qu'ils ont tendance à « s'enrouler » sous l'effet du débit d'air, assurez-vous d'être à puissance minimale ou éloignez un peu le sèche-cheveux.

- **Commencez par sécher les poils du dessous** en relevant les longueurs du dessus de manière à créer une raie. Vous pouvez vous aider de pinces de coiffure si les poils sont très longs. Lissez chaque mèche en passant la carde en même temps que le sèche-cheveux 1.
- Une première rangée de longueurs séchées, rabattez une nouvelle raie et procédez ainsi **jusqu'aux poils du dos** (le sèche-cheveux doit être placé au-dessus et dans le sens du poil) et brossez la rangée de poils jusqu'à ce qu'ils soient secs et lisses 2.
- Procédez de la même manière pour **sécher les poils de l'encolure** 3 **et de l'arrière-train**. Écartez bien chaque rangée de poils en procédant du bas vers le haut.
- **Séchez et brossez les pattes et les intérieurs** en commençant par les poils des extrémités de pattes vers les poils du haut de la patte 4.
- **Séchez le ventre** en commençant par les poils du bas du ventre et en remontant vers les aisselles 5.
- **Séchez la tête**, le sèche-cheveux au-dessus de celle-ci et orienté dans le sens des poils, mais jamais vers les yeux 6 7.
- **Après le séchage, passez un peigne à dents serrées** sur l'ensemble du corps afin de vérifier l'absence de nœuds 8 9.

5

6

7

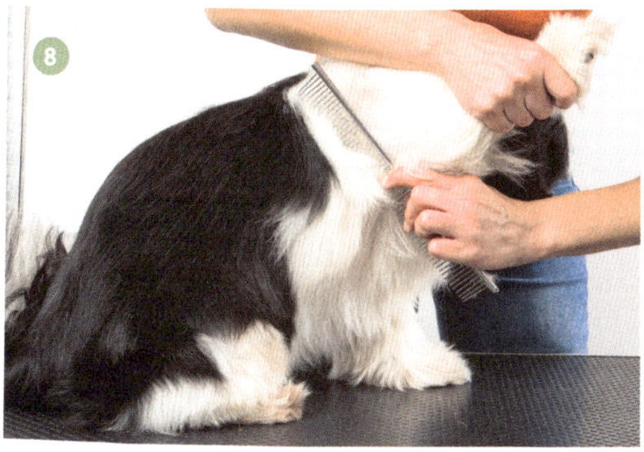
8

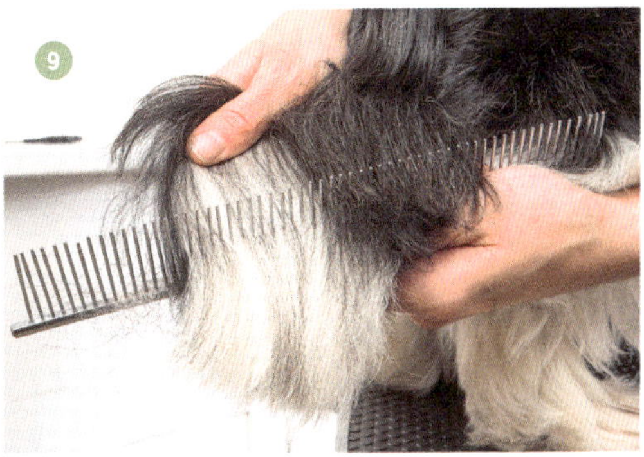
9

Toiletter les poils mixtes

QUELLES RACES ?
Cavalier king charles, cocker américain, cocker anglais, épagneul japonais, épagneul pékinois, golden retriever, setter anglais, setter gordon, setter irlandais, springer...

Le pelage

Les chiens à poils mixtes présentent un mélange de poils longs et flottants (pattes, ventre, oreilles, queue) et de poils courts et lisses (dos et flancs). Le sous-poil est relativement fin et serré.
Pour ces races ayant un sous-poil plutôt dense, la mue est assez importante.
Après la stérilisation, le pelage se modifie beaucoup, en particulier chez les cavaliers king charles, les cockers, les épagneuls et les setters.
Le sous-poil devient de plus en plus épais, laineux et envahissant sur tout le corps. Il s'emmêle encore plus facilement et l'entretien se complique.

Que fera le professionnel ?

Un toilettage spécifique et régulier, également appelé « **épilation** », est nécessaire pour les cockers, cavaliers King Charles et setters. Au niveau du dos et des flancs, le toiletteur doit éliminer le sous-poil laineux en excès environ tous les 3 mois à l'aide d'un trimmer (photo ci-dessous).
Comme pour les races de chiens à poils durs, **l'épilation n'est plus possible après la stérilisation et le toiletteur doit tondre** régulièrement le dos et les flancs. Les pattes et les franges sont raccourcies aux ciseaux à la longueur désirée.

Le toiletteur professionnel éliminera le sous-poil laineux en excès à l'aide d'un trimmer.

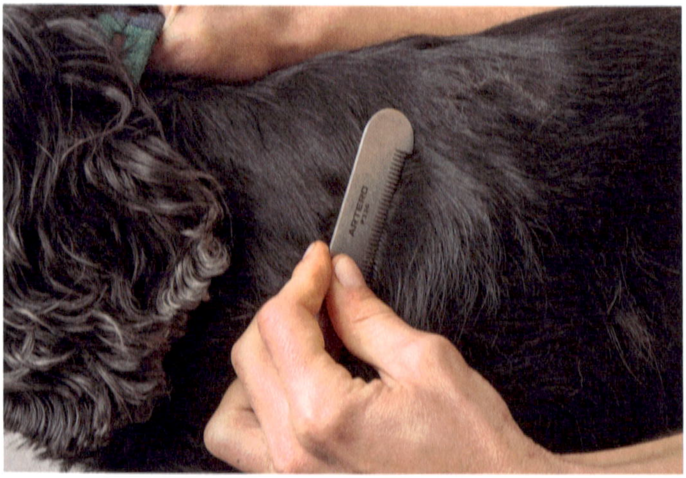

HYOKO,
COCKER

À la maison

Séance de brossage et démêlage

Fréquence

2 à 3 fois par semaine et avant le bain.
Pour ces races de chiens, les poils s'emmêlent très facilement au niveau des pattes, du ventre et de la queue. Le brossage éliminera les saletés, les branches ou feuilles souvent emprisonnées sur les longueurs. Sur le dos et les flancs, il éliminera beaucoup de poils morts.
Si les nœuds sont trop importants et que le démêlage est trop difficile à réaliser, adressez-vous à un toiletteur professionnel sans laver votre chien.

Matériel nécessaire

- Un peigne à dents larges (brossage longueurs et franges).
- Une carde rigide à picots courts (brossage dos et flancs).
- Une carde rigide à picots longs (démêlage des nœuds au niveau des longueurs et franges).
- Un spray démêlant.

Déroulement

- Installez votre chien sur le plan de travail dédié à son toilettage.
- Pulvérisez un peu de démêlant et munissez-vous du peigne à dents larges. Dès que le peigne rencontre un nœud, démêlez à l'aide de la carde puis vérifiez le bon démêlage avec le peigne à dents larges, en suivant les consignes générales pp. 18 à 19.
- Brossez les **pattes avant** (1) et leurs longueurs (2) : saisissez la patte pour la tendre vers vous vers l'avant du chien (et non sur le côté) et commencez par les poils du bas. N'oubliez pas les intérieurs.
- Brossez les **pattes arrière** (3) et leurs longueurs : saisissez la patte vers l'arrière (et non sur le côté) et commencez par les poils du bas. N'oubliez pas les intérieurs.
- Brossez **l'arrière-train** : levez la queue et brossez en partant des poils du bas puis remontez.
- Brossez la **queue** : en faisant une raie, brossez à gauche puis à droite de la raie. Soulevez la queue pour brosser le dessous.
- Brossez le **ventre** et les **aisselles** : saisissez les deux pattes avant de votre chien dans vos mains afin de lever votre chien sur ses deux pattes arrière. Brossez en commençant par les poils du bas du ventre et remontez jusqu'aux aisselles.
- Brossez les **franges** : relevez les poils à l'aide de votre main libre et commencez par les poils du bas. Puis, remontez raie par raie jusqu'au dos.
- Brossez l'**encolure** (4) : relevez les poils à l'aide de votre main libre et commencez par démêler les poils du bas. Remontez ensuite jusqu'à la tête.
- Brossez le **dos et les flancs** (5) à l'aide de la carde à picots durs. Vous retirerez beaucoup de poils morts.
- Brossez en démêlant bien les **oreilles**.

(1)

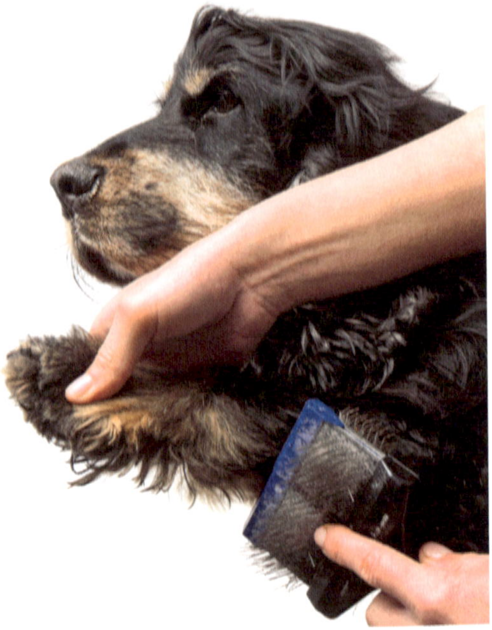

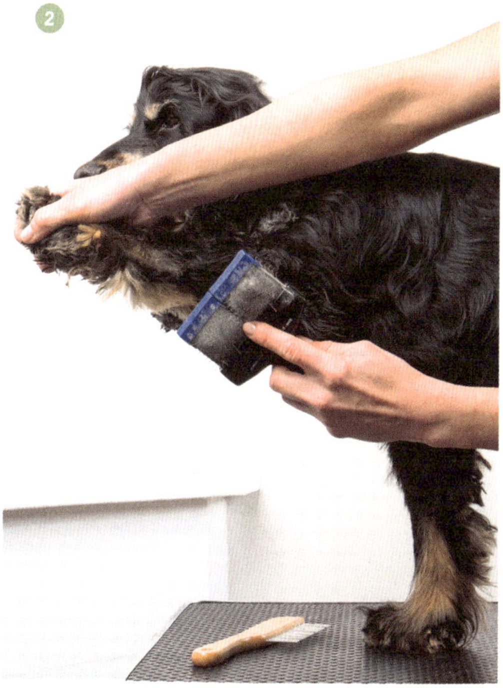
2

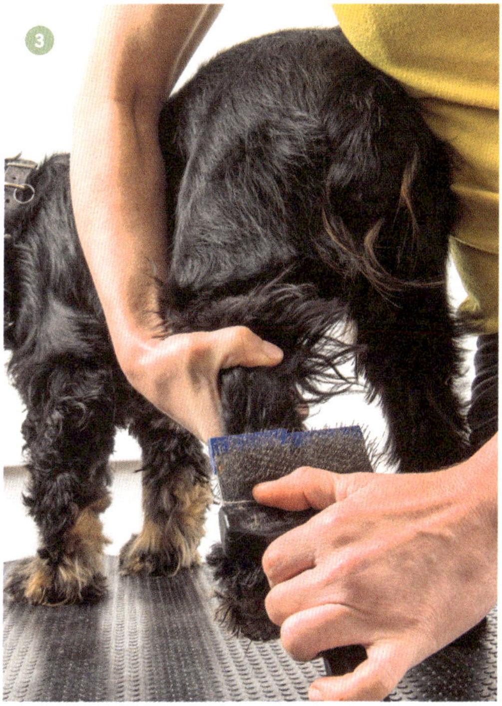
3

4

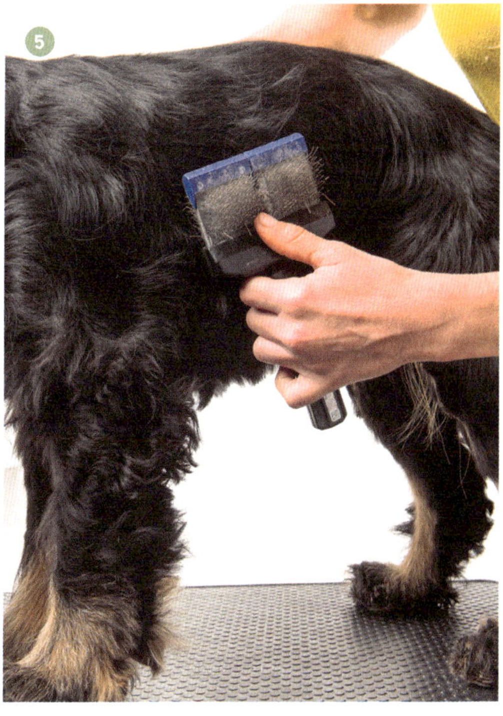
5

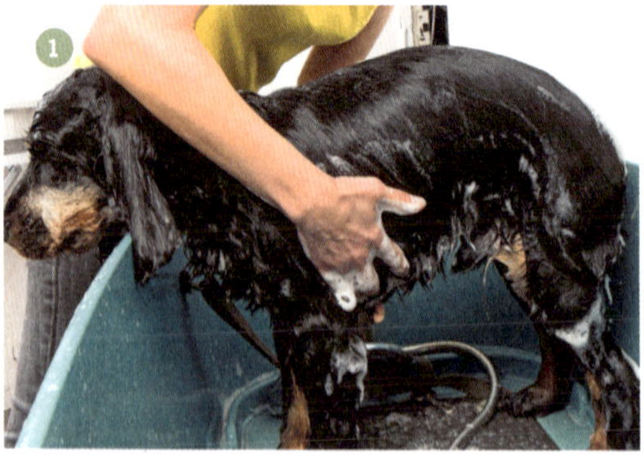

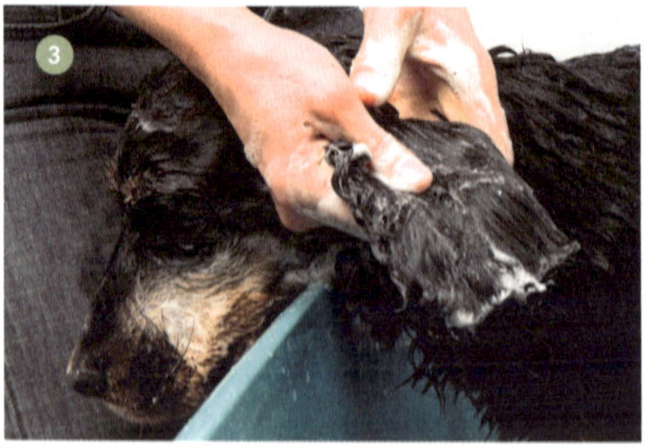

Bain

Fréquence

Entre **1 fois toutes les 2 semaines** à **1 fois tous les 3 mois**, selon son mode de vie (pollution, fréquences des sorties, terrain de campagne sec ou plutôt boueux...).

Produits cosmétiques nécessaires

- Un **shampoing canin universel**, un **shampoing pour poils longs** ou encore un **shampoing adapté à sa couleur** (noir, abricot...).
- Un **après-shampoing**, uniquement sur les poils longs (ventre, pattes, culotte, queue, oreilles). Cela va permettre de gainer le poil, faciliter le brossage et diminuer l'effet électrostatique durant le séchage.

Déroulement

Après avoir brossé et démêlé, procédez au bain en suivant ces consignes :

- Lavez votre chien en shampooinant le **dos** et les **flancs** énergétiquement.
- Utilisez vos mains pour shampooiner en profondeur les **longueurs** 1, les **franges** 2 (ventre, pattes, culotte, queue) en insérant bien vos doigts dans le pelage du haut vers le bas afin de ne pas créer de nœuds. **Ne réalisez pas de mouvement circulaire**.
- N'oubliez ni les **intérieurs de pattes** ni le **ventre**.
- Lavez bien sur les **coussinets** et entre chaque **espace interdigital**.
- Lavez bien les **oreilles** 3 surtout lorsqu'elles sont tombantes et longues. Ces zones souvent très sales.
- Rincez en suivant les consignes de la p. 14.
- Appliquez ensuite l'après-shampoing selon les indications de l'emballage **sur les longueurs uniquement** (ventre, pattes, culotte, queue, oreilles).
- Rincez de nouveau en suivant les consignes p. 14.
- Aidez au rinçage en **insérant vos doigts dans les franges et les longueurs** depuis la base de la peau vers les longueurs.

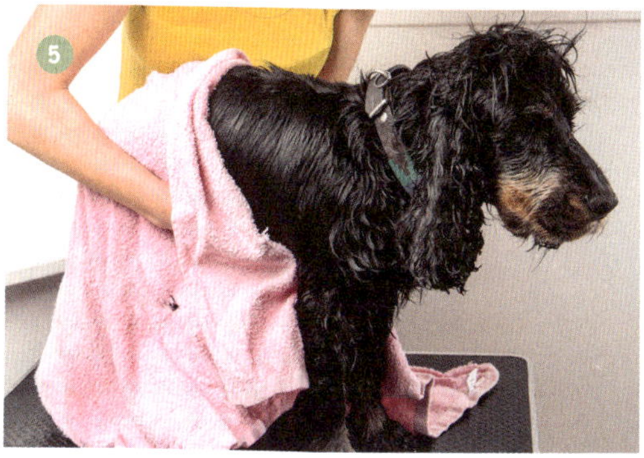

Séchage

Le temps de séchage est relativement long sur ce type de poils du fait d'un sous-poil dense et des franges présentant une certaine longueur.
Si les franges sont très longues, il est conseillé de réaliser le séchage en brossant les longueurs à l'aide d'une carde avec votre main libre. Cela requiert que votre chien ne soit pas agité, une certaine habilité de votre part ou bien l'aide d'une seconde personne.

Essorage

Procédez à un essorage le plus complet possible (voir p. 16). Insistez bien sur les longueurs 4 (franges, oreilles, pattes, queue) en frottant doucement dans le sens du poil 5 afin de ne pas créer de nœuds. Essorez bien les pattes 6.

Séchage à l'air froid

Commencez par un séchage global à l'air froid afin d'éliminer un maximum d'humidité :
- Séchez d'abord les franges et les longueurs (franges, oreilles, pattes, culotte, queue) à puissance réduite afin d'éviter la formation de nœuds.
- Séchez ensuite les zones où le poil est court (dos, flanc, face avant des pattes) à puissance maximale.

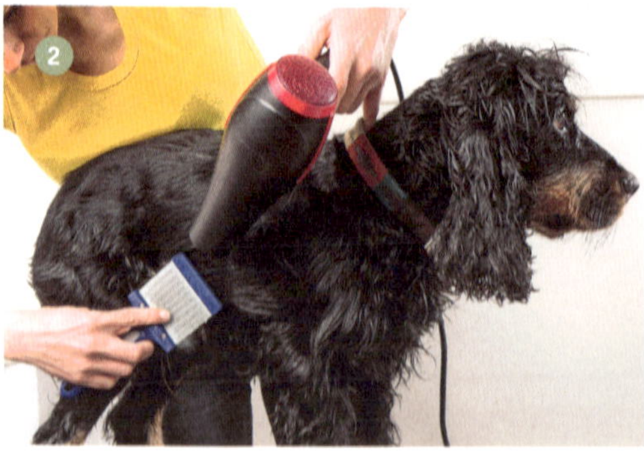

Séchage à l'air chaud

Tout au long du séchage, orientez le sèche-cheveux dans le sens du poil afin de ne pas faire de nœuds au niveau des longueurs.

Ne réglez pas le sèche-cheveux à une puissance trop élevée au niveau des franges et longueurs (ventre, pattes, culotte, queue) afin d'éviter la formation de nœuds. Si les poils « s'enroulent » sous l'effet du débit d'air, réduisez la puissance de séchage ou éloignez le sèche-cheveux.

- Commencez par sécher le dos à puissance maximale si possible, le sèche-cheveux au-dessus de votre chien et orienté dans le sens du poil. De votre main libre, brossez à l'aide d'une carde à picots courts jusqu'à ce que le poil soit sec (1).
- Séchez ensuite les **longueurs sur les flancs** (2), en réduisant la puissance du sèche-cheveux, toujours dans le sens du poil. De votre main libre, brossez à l'aide d'une carde souple à picots longs, jusqu'à ce que le poil soit sec.

La carde doit rentrer en profondeur dans les longueurs depuis la base du poil. Elle enlevera beaucoup de poils morts.

- Procédez de la même façon pour sécher l'**arrière-train** (3), l'**encolure** (4) et enfin les **franges** au niveau des pattes (5).
- Pour sécher le **ventre** et les **intérieurs**, soulevez chaque patte simultanément ou bien les deux pattes avant si son poids le permet (6). Brossez puis séchez alternativement ou faites-vous aider d'une 2e personne pour tenir le sèche-cheveux ou mobiliser le chien. Si votre chien est habitué à se coucher, vous pouvez lui en donner l'ordre et procéder seul au séchage et au brossage.
- Séchez enfin les **longueurs des oreilles** (7) en brossant à l'aide de la carde à picots longs en évitant les yeux.
- Après le séchage, passez un peigne à dents serrées sur l'ensemble des longueurs, afin de vérifier l'absence de nœuds.

4

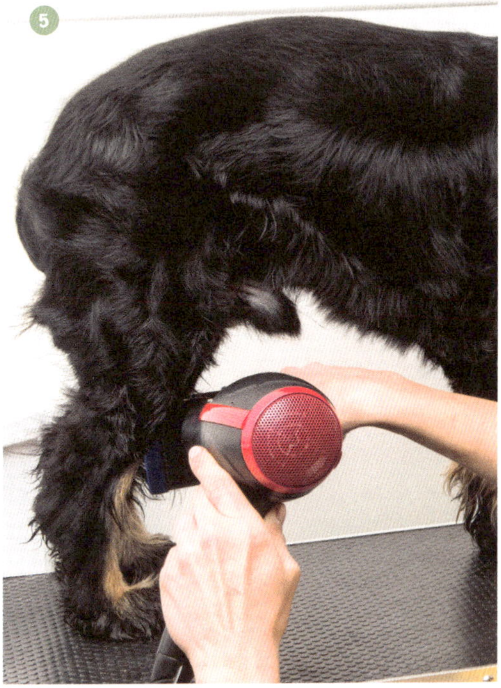
5

6

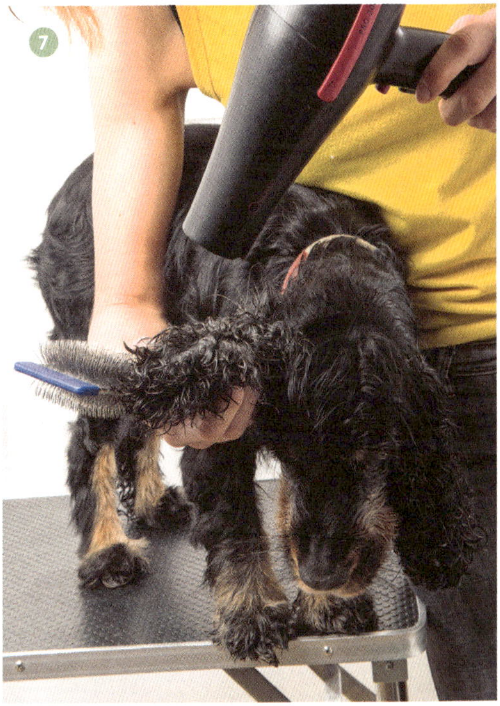
7

Toiletter les poils doubles

QUELLES RACES ?
Akita, border collie, chow-chow, samoyède, shetland, spitz, terre-neuve, husky…

Le pelage

Les chiens à poils doubles ont la particularité d'avoir une double couche :
- Un sous-poil très dense et abondant sur tout le corps et en particulier derrière les oreilles, l'encolure, l'arrière des cuisses (culotte) et la queue.
- Un poil de couverture dense sur tout le corps et, selon la race, composé d'un mélange de poils très courts, courts, mi-longs ou longs comme le montre la photo ci-dessous.

Les poils doubles de Mushu, avec le sous-poil primaire (plus clair, à la base de la peau) et le poil de couverture (plus foncé).

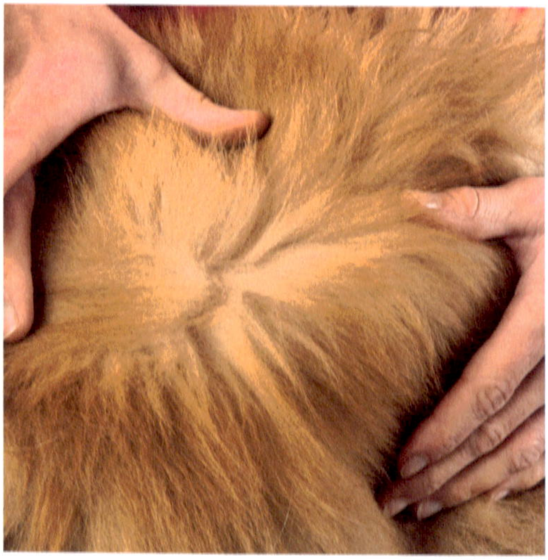

Cette structure de pelage leur permet de supporter des conditions climatiques extrêmes. L'hiver, le sous-poil est épais et dense pour protéger du froid et du vent. L'été, le sous-poil devient plus léger pour protéger de la chaleur, l'air emprisonné créant une isolation thermique.
Leur mue est impressionnante à chaque changement de saison. Chez ces races, le poil mort ne se détache pas de lui-même, mais reste piégé dans le poil de couverture. Sans un toilettage régulier, les nœuds vont apparaître et se transformer en grosses touffes de poils emmêlés très serrées.
Chez ces races, la stérilisation peut parfois entraîner la pousse d'un sous-poil plus abondant.

Que fera le professionnel ?

Un toilettage par un professionnel est intéressant, notamment en période de mue, par un brossage et un débourrage en profondeur grâce à ses équipements professionnels
La tonte est à proscrire sur ce type de fourrure car cela détruit la couche du sous-poil. Or le sous-poil joue un rôle de protection thermique, hiver comme été. Les tontes répétitives peuvent ensuite induire un phénomène d'alopécie (chute excessive partielle ou totale des poils).
Vous pouvez tout à fait entretenir votre chien en procédant à un brossage régulier et plus fréquent lors des mues.

MUSHU,
SPITZ

À la maison

Séance de brossage et démêlage

Fréquence

2 à 3 fois par semaine, tous les jours en période de mue et également **avant le bain**.
Vous éliminerez à chaque brossage de nombreux poils morts, en particulier lors de la mue.
Pour ces races de chiens, les poils s'emmêlent très facilement au niveau de l'encolure, derrière les oreilles, sur le ventre et la culotte.
Si les nœuds sont trop importants et que le démêlage est trop difficile à réaliser, adressez-vous à un toiletteur professionnel et ne lavez pas votre chien.

Matériel nécessaire

Un peigne à dents larges ; une carde rigide à picots adaptés à la longueur des poils ; un spray démêlant.

Déroulement

- Installez votre chien sur le plan de travail dédié à son toilettage.
- Pulvérisez un peu de démêlant 1 et munissez-vous du peigne à dents larges. Dès que le peigne rencontre un nœud, démêlez à la carde, en suivant les consignes générales (pp. 18-19).
- Commencez par le **bas du corps** en soulevant le poil avec votre main libre afin de rendre visible la peau et le sous-poil. Commencez par les poils du dessous. Brossez en procédant raie par raie, puis remontez au fur et à mesure jusqu'au dos 2 3.
- Brossez la **culotte** 4 qui s'emmêle également rapidement. Cette zone est souvent très dense : de nombreux poils morts ou des nœuds peuvent se former. Soulevez les poils et brossez raie par raie en remontant le long de chaque patte. En général, les chiens n'aiment pas que l'on accède à cet endroit, n'hésitez pas à vous faire assister.
- Brossez ensuite la **collerette** 5 en commençant à nouveau par les poils du dessous, puis remontez jusqu'au cou.
- Brossez les poils **derrière les oreilles** 6. De petites boules de nœuds se forment très facilement à cet endroit.
- Brossez ensuite la **queue** 7 en faisant une raie. Brossez à gauche de la raie, à droite de la raie, puis soulevez la queue pour brosser le dessous.
- Brossez les poils sous le **ventre** 8. Saisissez votre chien par les deux pattes avant pour le mettre debout. Brossez les poils en partant du bas du ventre, puis remontez.

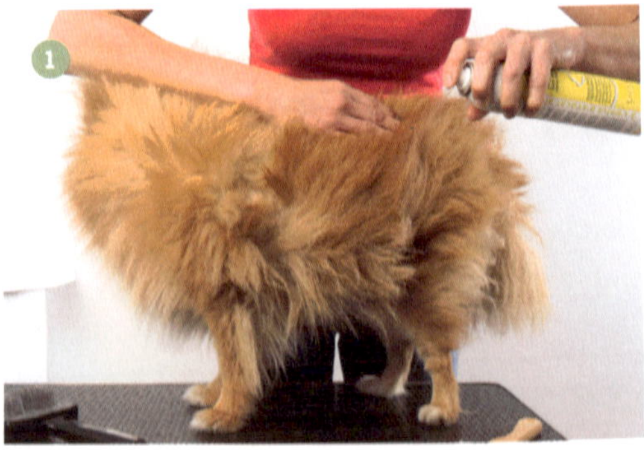

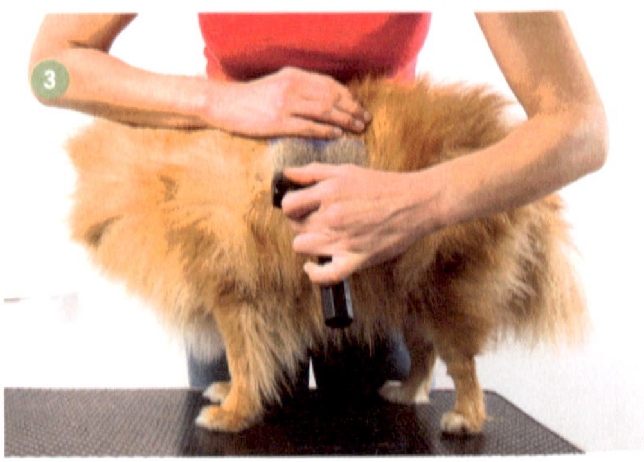

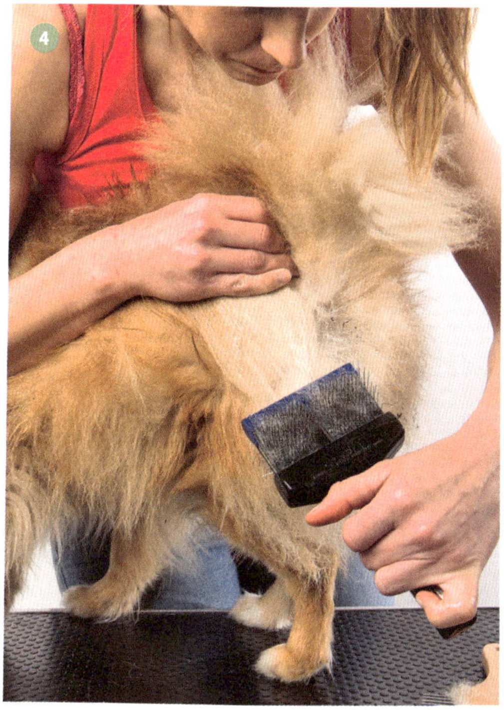
4

5
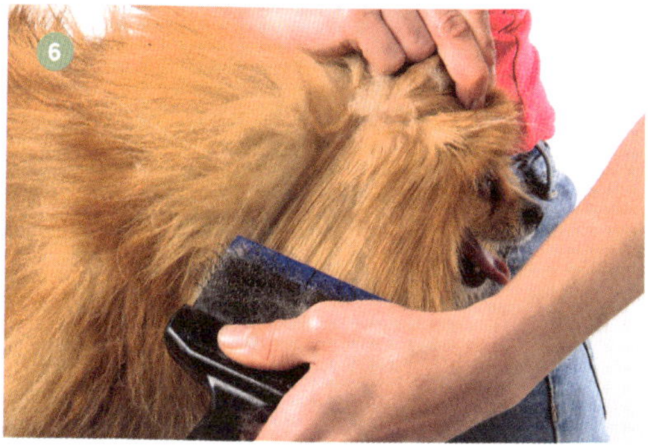
6
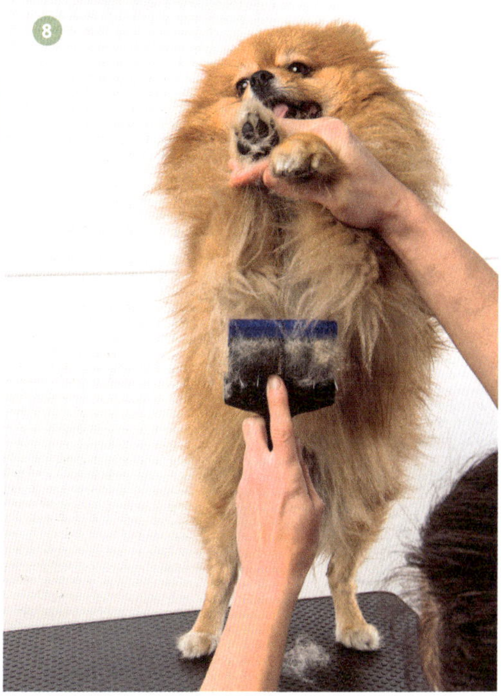
8
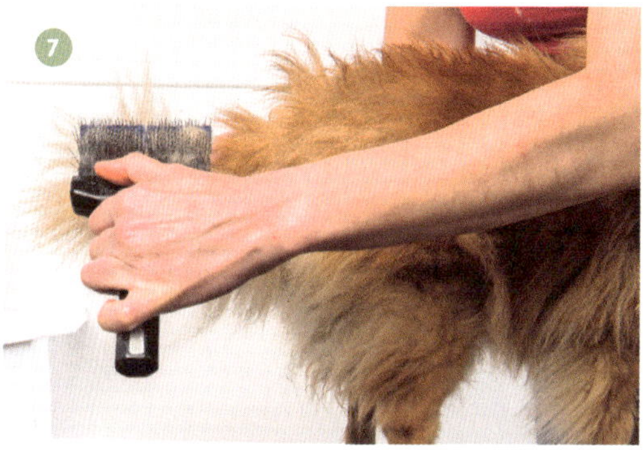
7

Bain

Fréquence
1 fois toutes les 2 semaines à 1 fois tous les 3 mois, selon son mode de vie (pollution, fréquence des sorties, terrain de campagne sec ou plutôt boueux...).

Produits cosmétiques nécessaires
- Un **shampoing canin universel** ou un **shampoing adapté à sa couleur** (blanc, noir, abricot), ou encore un **shampoing pour poils longs** si c'est le cas.
- Un **après-shampoing nourrissant**, si les poils sont secs, que vous appliquerez soit sur l'ensemble de la fourrure, soit uniquement sur l'encolure et la collerette, le pelage étant souvent plus sec et plus abîmé à ces endroits.

Déroulement
Après avoir réalisé la séance de brossage et de démêlage, procédez au bain en suivant ces consignes :
- Utilisez vos doigts pour shampooiner en allant en profondeur jusqu'à la base de la peau surtout sur les zones où le poil est très dense et/ou plus long (encolure, collerette).
- Ne faites pas de mouvements circulaires, cela créerait des nœuds.
- Rincez en suivant les consignes de la p. 14.
- Appliquez ensuite si besoin l'après-shampoing selon les indications de l'emballage, soit sur l'ensemble du corps, soit sur la collerette et l'encolure uniquement.
- Rincez de nouveau.
- Aidez au rinçage en insérant vos doigts dans la fourrure depuis la base de la peau vers les longueurs.

Séchage

Essorage
Procédez à un bon essorage comme décrit p. 16. Insistez bien sur les pattes. Ne frottez pas trop fort le corps avec la serviette pour ne pas créer de nœuds.

Séchage à l'air froid
Commencez par un séchage global à l'air froid sur l'ensemble du corps, à puissance maximale, ce qui permettra de décoller de nombreux poils morts.

Séchage à l'air chaud

Tout au long du séchage, orientez votre sèche-cheveux, puissance maximum, perpendiculairement à la hauteur du poil de manière à bien « ouvrir » la fourrure. Vous pourrez ainsi voir la peau et le sous-poil. En brossant les poils de cette zone à l'aide d'une carde souple, vous retirerez de nombreux poils morts.

Si votre chien bouge beaucoup ou qu'il vous est difficile de manier la carde et le sèche-cheveux en même temps, **faites-vous aider d'une 2e personne** qui mobilisera le chien ou tiendra le sèche-cheveux à votre place.

- Commencez par le **dos** (1) : munissez-vous de la carde d'une main et de l'autre main, orientez le sèche-cheveux au-dessus du dos de manière à « ouvrir » la fourrure. Brossez jusqu'à ce que le poil soit lissé et sec. Puis, descendez au fur et à mesure au niveau des **flancs** (2).
- Séchez ensuite l'**encolure** (3) : orientez le sèche-cheveux vers le poitrail de manière à « ouvrir » la fourrure et brossez en commençant du bas vers le haut. N'hésitez pas à réduire la vitesse du sèche-cheveux si cela gêne votre chien.
- Séchez ensuite la **culotte** (4) en procédant de la même manière. Il est important qu'elle soit bien séchée et brossée en profondeur.
- Séchez le **ventre** (5) et les **intérieurs** en soulevant chaque patte simultanément ou bien les deux pattes avant si son poids le permet. Brossez, puis séchez alternativement ou bien faites-vous aider d'une 2e personne pour tenir le sèche-cheveux ou mobiliser le chien. Si votre chien est habitué à se coucher, donnez-en lui l'ordre : vous pourrez ainsi sécher et brosser seul le ventre et les intérieurs.
- Séchez les **oreilles** (6) et la **tête** (7) après avoir réduit la puissance. Tenez le museau en protégeant les yeux et brossez les poils au niveau des **oreilles**.
- Après le séchage, passez un peigne à dents serrées sur l'ensemble du corps de votre chien, afin de vérifier l'absence de nœuds (8).

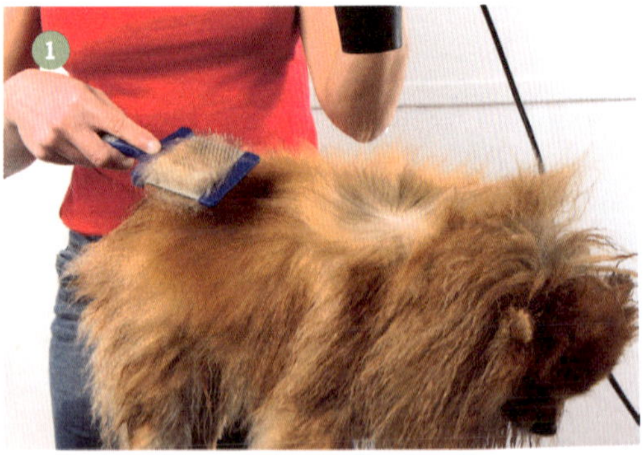

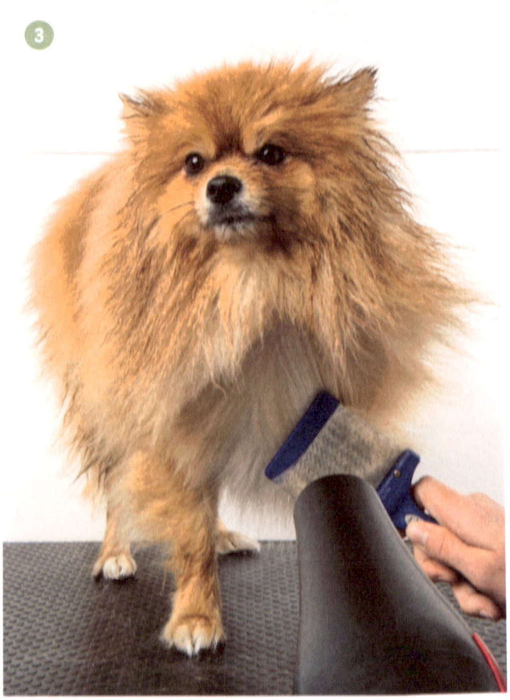

4

5

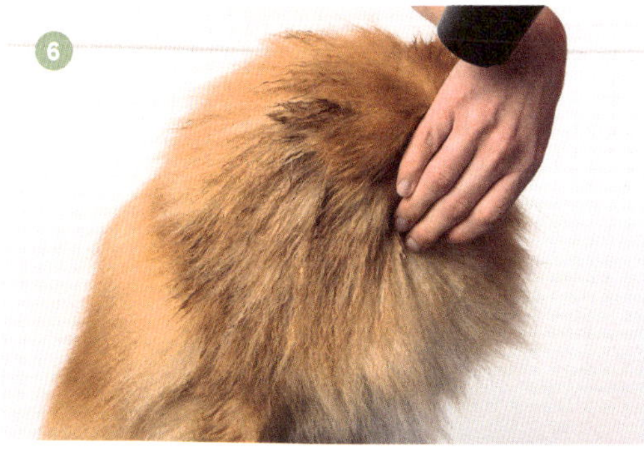
6

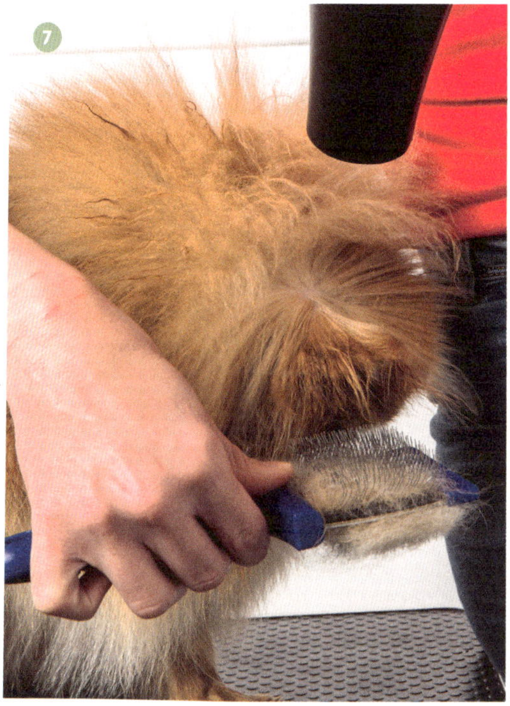
7

8

À quelle fréquence toiletter son chien selon son type de poils ?

	BROSSAGE DES DENTS	NETTOYAGE DES YEUX	PATTES		OREILLES		TOILETTAGE CHEZ SOI		TOILETTAGE PROFESSIONNEL
			Coupe des ongles	Hygiène	Hygiène	Chez le vétérinaire ou le toiletteur	Brossage et démêlage	Brossage et démêlage, bain et séchage	
POILS COURTS					Contrôle 1 fois/semaine + nettoyage si besoin.		1 fois/ semaine	1 fois/mois à tous les 3 mois	1 fois tous les 3 à 6 mois
POILS DURS	3 fois/ semaine minimum. Tous les jours si possible.	Contrôle 1 fois/jour + nettoyage si besoin. **Chiens à plis :** Nettoyage 1 fois/jour, y compris les plis.	Contrôle 1 fois/ mois + coupe si besoin.	Contrôle + net-toyage après chaque sortie.	Contrôle 1 fois/ semaine. **Si poils dans les oreilles :** contrôle 1 fois/jour + nettoyage si besoin.	**Si poils dans les oreilles :** épila-tion du conduit auditif tous les 2 à 3 mois.	1 fois/ semaine	1 fois/mois à tous les 3 mois	1 fois tous les 3 à 4 mois
POILS LAINEUX					Contrôle 1 fois/semaine **Si poils dans les oreilles :** contrôle 1 fois/jour + nettoyage si besoin.	**Si poils dans les oreilles :** épila-tion du conduit auditif tous les 2 à 3 mois.	2 à 3 fois/ semaine	1 fois toutes les 2 semaines à 1 fois toutes les 6 semaines	1 fois tous les 1 à 3 mois

	BROSSAGE DES DENTS	NETTOYAGE DES YEUX	PATTES		OREILLES		TOILETTAGE CHEZ SOI		TOILETTAGE PROFESSIONNEL
			Coupe des ongles	Hygiène	Hygiène	Chez le vétérinaire ou le toiletteur	Brossage et démêlage	Brossage et démêlage, bain et séchage	
POILS LONGS	3 fois/ semaine minimum. Tous les jours si possible.	Contrôle 1 fois/jour + nettoyage si besoin. **Chiens à plis :** Nettoyage 1 fois/jour, y compris les plis.	Contrôle 1 fois/ mois + coupe si besoin.	Contrôle + net-toyage après chaque sortie.	Contrôle 1 fois/ semaine. **Si poils dans les oreilles :** contrôle 1 fois/jour + nettoyage si besoin.	**Si poils dans les oreilles :** épila-tion du conduit auditif tous les 2 à 3 mois.	2 à 3 fois/ semaine, voire tous les jours si poils très longs.	1 fois toutes les 2 semaines à tous les 2 mois	Tous les 1 à 2 mois.
POILS MIXTES					Contrôle 1 fois/semaine + nettoyage si besoin.	**Si oreilles tom-bantes :** tonte de la face interne des oreilles.	2 à 3 fois/ semaine	1 fois toutes les 2 semaines à tous les 3 mois.	Tous les 3 à 4 mois.
POILS DOUBLES					Contrôle 1 fois/semaine + nettoyage si besoin.		2 à 3 fois/ semaine, voire tous les jours en période de mue.	1 fois toutes les 2 semaines à tous les 3 mois.	Tous les 1 à 6 mois.

Remerciements

Tous mes remerciements à Florence Desachy, vétérinaire,
et à Jérôme Coudeyrat, d'avoir cru en ma capacité à devenir autrice.

Un grand merci à Laurent Calvo de nous avoir reçus pour réaliser
les photos du livre, au sein de sa clinique vétérinaire à Paris.

Merci à Raphaèle Dorniol pour notre collaboration
et son implication.

Merci à :
Nathalie Brunel et son mari, et leur shih tzu Haribo
Marie Curial et son bouledogue anglais Rebel
Antoine Grosjean et son spitz Mushu
Antoine Isambert et son cocker Hyoko
Lena Jourdan et son chihuahua Chandler
Madame Le Breton et son jack russell Rocky
Gabrielle Saidi et son bichon frisé Russell.

Crédits photographiques

**Toutes les photographies de ce livre ont été réalisées
spécialement par Philippe Rocher, sauf :**
Adobe Stock : pages 8-9, 12 bg et bd, 13, 20, 23, 26, 27, 32,
33 hg et hd, 40, 41, 42, 43, 44, 45 hd et b, 46 b, 48-49, 50
ainsi que tous les pictos de la couverture et l'intérieur de ce livre.
Unsplash/Max Harlynking : page 47
Laurent Melin : illustrations pages 17, 32 et 38

33, rue du Faubourg Montmartre 75009 Paris
Tél. : 01 48 05 03 03
www.editions-ulmer.fr

Réalisation : Laurent Melin
Responsable éditoriale : Raphaèle Dorniol
Impression : Printer Trento, srl
ISBN : 978-2-37922-295-5
N° d'édition : 295-01

Retrouvez-nous sur Instagram : @editionsulmer_animaux

Dépôt légal : août 2023
Imprimé en Italie

MIXTE
Papier | Pour une gestion forestière responsable
FSC® C015829